Titel der Originalausgabe:
THE WORLD'S FIRST ROLLERCOASTER AND OTHER AMAZING INVENTIONS
2024 erschienen bei Templar Books,
ein Imprint von Bonnier Books UK, London,
Bonnier Books, Stockholm, Schweden

Deutsche Erstausgabe

Ein Unternehmen der Média-Participations

Projektleitung: Melanie Schöni, Knesebeck Verlag
Übersetzung: Gundula Müller-Wallraf, München
Lektorat: Elisabeth Leuthardt, München

Umschlagadaption: Leonore Höfer, Knesebeck Verlag
Satz: Arnold & Domnick, Leipzig

Printed in China

ISBN 978-3-95728-811-0

www.knesebeck-verlag.de

MIX
Papier | Fördert gute Waldnutzung
FSC® C104723

Für Anne, die einen ganz neuen Beruf für mich erfunden hat. – M. B.

Für Julian, mit dem ich ein Zuhause und die Liebe zu Katzen teile. – F. H.

Die erste ACHTERBAHN der Welt

und andere erstaunliche Erfindungen

Aus dem Englischen
von Gundula Müller-Wallraf

Mike Barfield

illustriert von
Franziska Höllbacher

INHALT

Mit DIÉBÉDO FRANCIS KÉRÉ auf Seite 14

Mit BERTHA BENZ auf Seite 28

Mit PERCY SPENCER auf Seite 36

Mit MOMOFUKU ANDO auf Seite 48

Mit PATSY O'CONNELL SHERMAN auf Seite 58

Mit LONNIE JOHNSON auf Seite 66

Mit KANŌ JIGORŌ auf Seite 76

Mit JAWED KARIM auf Seite 84

EINLEITUNG

Halt! Eine Frage,
bevor wir starten:

Bist du größer als dieses Buch?

Ja? Herzlichen Glückwunsch! Dann steig ein und los geht die atemberaubende Fahrt mit:

der ersten Achterbahn und anderen erstaunlichen Erfindungen

Dieses Buch nimmt dich mit auf eine wilde, kurvenreiche Reise vorbei an einigen der lustigsten und **berühmtesten Erfindungen** der Welt. Die folgenden Seiten sind vollgestopft mit faszinierenden Fakten zu Skateboards und Smartphones, Teddybären und Toiletten, Bläschenfolie und Burgern und vielem mehr.

Aber Achtung! Beim Lesen werden dir mehr Lichter aufgehen als auf der Kirmes nach Sonnenuntergang. Also setz dich, schnall dich an und mach dich darauf gefasst zu schreien – vor Freude! Dich erwartet die Lesefahrt deines Lebens!

GROSS UND MÄCHTIG

Die Welt quillt nur so über von Gebäuden. Bei einer Bevölkerung von rund acht Milliarden Menschen ist das kein Wunder! Dieses Kapitel stellt dir eine Auswahl beeindruckender Bauwerke vor. Einige haben Rekorde aufgestellt und gebrochen, andere sind einfach nur schräg. Wir starten mit vier fantastischen Fakten, um Spannung aufzubauen.

DAS ÄLTESTE WOHNHAUS DER WELT

Das Haus »Knap of Howar« auf den schottischen Orkney-Inseln ist über 5000 Jahre alt. Es hat zwar kein Dach, aber dafür bis heute einen tollen Blick aufs Meer.

DIE HÖCHSTE SANDBURG DER WELT

Dieser schicke Sandhaufen, aufgetürmt 2021 an einem dänischen Strand, ist über 21 Meter hoch. Allerdings wurde mit ein bisschen Kleber und Lehm nachgeholfen.

DAS GRÖSSTE GEBÄUDE IN VOGELFORM

Das Hauptgebäude des internationalen Flughafens in Aschgabat, der Hauptstadt Turkmenistans, hat die Form eines riesigen weißen Falken.

DAS ERSTE MINECRAFT-GEBÄUDE

Nur 49 Minuten nach dem Start des Onlinespiels Minecraft 2009 hatte ein Spieler namens »Muku« aus neun Blöcken eine Brücke gebaut. Inzwischen schaffen pro Monat über 170 Millionen Spieler neue Bauwerke in der Minecraft-Welt.

ACHTERBAHN

Hallo! Ich bin die Schwerkraft, die Macht, die alles fallen lässt.
Ahhhh!
Fast geschafft!
Alles klar?
Meinetwegen müssen Achterbahnwagen erst mühsam bergauf gezogen werden, …
Es geht bergab! Kreisch!
… um dann im Affenzahn wieder hinunter und um die Kurven zu sausen.
Die Vorfahren unserer Achterbahnen waren riesige Rutschen, die vor 400 Jahren zum Vergnügen der Leute in Russland gebaut wurden. Gerutscht wurde auf Eisblöcken!
Auf die schiefe Bahn geraten!
In vielen Sprachen heißen Achterbahnen bis heute »russische Berge«.
Die erste richtige Achterbahn stand 1817 in Paris. Ihre Wagen fuhren auf einer herzförmigen Spur.
Ich ♡ es!
Ich auch!
Auf der Suche nach Nervenkitzel bauten die Leute immer höhere und bessere Holzbahnen.
Ist das auch sicher?
Ich klopf auf Holz!
»Leaps the Dips« in Pennsylvania, USA, wurde 1902 gebaut und läuft immer noch.
Die erste Achterbahn mit Schienen aus Stahl ging 1959 in Disneyland in den USA an den Start.
Der Berg ist nicht echt!
Der Spaß schon!
»Matterhorn Bobsled«
Heute gibt es weltweit über 2000 Achterbahnen. Schienen aus Stahlrohren ermöglichen es den Planern, superenge Schleifen einzubauen, die die Fahrgäste – ganz kurz! – auf den Kopf stellen.
Huiii!
Wir trotzen der Schwerkraft!
Zwei Minuten später
Noch mal, noch mal, noch mal!
Das ging aber schnell.
STOP!

ECHT WAHR?

HALS ÜBER KOPF

ZEHN – NEUN – ACHT …

Manchmal wirken auf die Fahrgäste einer Achterbahn größere Kräfte ein als auf Astronauten beim Start ihrer Rakete – aber natürlich viel kürzer.

ZISSSSCH!

Die schnellste Achterbahn der Welt ist die »Formula Rossa« in Abu Dhabi, Vereinigten Arabischen Emirate. In weniger als fünf Sekunden erreichen die Wagen eine Geschwindigkeit von 240 Stundenkilometern!

JETZT GEHT'S RUND!

Achterbahn-Loopings sind nie ganz rund, sondern haben eher die Form eines umgedrehten Tropfens. Das macht die Fahrt sicherer.

ABGEHOBEN

Achterbahnfans haben eine eigene Sprache. Das Gefühl der Schwerelosigkeit, das man am höchsten Punkt bekommt, bevor es bergab geht, wird als »Airtime« bezeichnet.

BITTE LÄCHELN!

In der Achterbahn passiert Seltsames – wie diese Fotos zeigen.

WOLKENKRATZER

ECHT WAHR?

HOCH STAPELEI

GROSSER TAG

Am 3. September ist der **Tag des Wolkenkratzers.** An diesem Tag hatte Louis H. Sullivan, der Architekt des ersten Wolkenkratzers der Welt, Geburtstag.

SCHWINDELNDE HÖHEN

2015 bestieg der französische Kletterer Alain Robert den Burj ohne Hilfsmittel in nur sechs Stunden!

VOM BLITZ GETROFFEN

Das Risiko von Blitzeinschlägen ist bei Hochhäusern wesentlich höher. Das 440 Meter hohe Empire State Building in New York erwischt es über 25-mal im Jahr!

GROSCHEN GEFALLEN?

Wenn man eine Münze von der Spitze des Burj fallen ließe, würde sie 13 Sekunden brauchen, um unten anzukommen. Es täte zwar ziemlich weh, wenn man sie auf den Kopf bekäme, aber auch nicht mehr.

GRABMAL MIT AUSSICHT

Die 2600 v. Chr. erbaute Cheops-Pyramide von Gizeh in Ägypten war über 4000 Jahre lang das höchste Gebäude der Welt. Neben Türmen wie dem Burj wirkt sie allerdings fast wie ein Maulwurfshügel.

HÖCHST EINFALLSREICH

DIÉBÉDO FRANCIS KÉRÉ

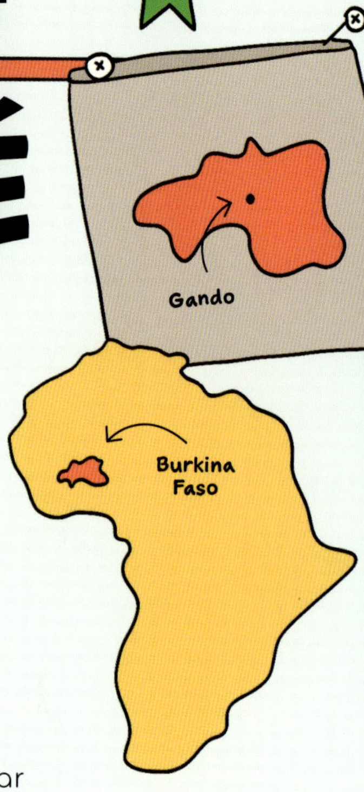

Hallo! Ich heiße **Diébédo Francis Kéré.** 2022 habe ich als erster Afrikaner den Pritzker-Architekturpreis gewonnen – die höchste Auszeichnung der Welt für Leute, die Gebäude entwerfen.

Aber bis dahin war es ein weiter Weg – buchstäblich!

Ich wuchs in einem winzigen Dorf namens Gando in Burkina Faso auf. Dort gab es zwar keine Schule, aber das ganze Dorf war wie eine große Familie. Wir spielten und lachten miteinander und bauten gemeinsam Häuser. Mit sieben Jahren zog ich zu meinem Onkel in die Stadt Tenkodogo, um Lesen und Schreiben zu lernen. Meine erste Reise!

In meiner Schule war es furchtbar heiß und dunkel. 100 Kinder saßen gedrängt in einem Raum ohne frische Luft. Damals beschloss ich, eines Tages für alle Kinder bessere Schulen zu bauen – und zu Hause in Gando wollte ich damit anfangen!

Nach der Schulzeit lernte ich den Beruf des Zimmermanns und arbeitete mit Holz. Handwerkliches Können kann einen weit bringen. Meines brachte mich bis nach Berlin im fernen Deutschland, wo ich schließlich sogar an die Uni ging, um Architektur zu studieren.

Würde ich mir meinen Traum erfüllen können?

Vielleicht! Ich kehrte nach Gando zurück, um zusammen mit den Leuten aus dem Dorf eine umweltfreundliche Grundschule zu bauen. Wir stellten selbst Ziegel her, statt teuren Zement zu verwenden, und pflanzten Mangobäume, die Schatten und leckere Früchte liefern sollten.

2001 war die Schule fertig. Sie hat ein »schwebendes« Dach gegen die Hitze. Ich schloss mein Studium ab und kehrte nach Afrika zurück, um dort noch eine Schule und Häuser für die Lehrerinnen und Lehrer zu bauen.

Aber das Beste war, dass meine coole Schule zum Vorbild für viele weitere wurde. Inzwischen habe ich überall auf der Welt Häuser gebaut, die mit der Natur und nicht gegen sie arbeiten.

Nationalversammlung von Benin, Porto Novo

TUM Tower, Technische Universität München

Serpentine Pavilion, London

ES WAR EINE TOLLE REISE – UND SIE IST NOCH LANGE NICHT VORBEI!

SUPERMARKT

Hi! Ich bin eine Dose im Regal eines Supermarktes. In mir steckt allerlei Allerlei.
Genau wie 1916 in dem Ladenbesitzer Clarence Saunders.
Ich hatte eine Spitzenidee!
In diesem Jahr eröffnete er den ersten Selbstbedienungsladen der Welt in Memphis in den USA.
Der Name war allerdings eher schräg.
PIGGLY WIGGLY
Das ist echt schlecht!
Ich find's voll toll!
Früher mussten die Kunden warten, bis ein Angestellter die gewünschten Waren zusammengesucht hatte.
Käse? Quark?
Stimmt, irgendwie Zeit-verschwendung, Sir!
Außerdem kam die Ware unverpackt aus großen Behältern.
Das schlägt dem Fass den Boden aus!
Clarence warf das alles über den Haufen. Er ließ seine Kunden auf einer Einbahnstraße vom Eingang zur Kasse fertig verpackte Waren selbst aus dem Regal holen.
Die Zukunft des Einkaufens!
Es gibt kein Zurück!
Plötzlich kauften die Leute auch mal spontan irgendetwas und sammelten alles in großen Einkaufskörben.
Zwölf Gläser saure Gurken?
Na gut, überredet!
Ausverkauf!
Der clevere Clarence erfand auch die Preisschilder und die Kassenzettel für die Kundschaft.
2 FÜR 15
2 FÜR 9
10 CENTS
5 CENTS
Bleibt nur noch eine Frage: Was soll der Name »Piggly Wiggly«?
Ganz einfach: Die Leute sollen sich genau das fragen!
Aah! Ich glaube, ich werde gekauft!
Immer noch nicht eingetütet.
Ciao!

ECHT WAHR?

KAUFRAUSCH

SPIELSTRASSE

Das Wort »Mall« stammt von der »Pall Mall«, einer eleganten Straße in London, nicht weit vom Buckingham Palace. Vor 400 Jahren war dort eine Wiese, auf der die Reichen »Paille-Maille« spielten, den Vorläufer des heutigen Krocket.

UNTER DACH UND FACH

Das erste Einkaufszentrum der Welt, das Southdale Center in Edina im US-Bundesstaat Minnesota, eröffnete 1956. Der Architekt Victor Gruen träumte von einer Einkaufsstraße wie in Europa, nur überdacht und ohne Autos.

MEGAMARKT

Das größte Einkaufszentrum der Welt ist die »Iran Mall« in Teheran, der Hauptstadt des Iran. Auf sieben Stockwerken und einer Fläche größer als 270 Fußballfelder kann man wahrscheinlich fast alles kaufen.

HEISSE SACHE!

Die »Volcano Buono Mall« bei Neapel in Italien liegt in einem grasbewachsenen Krater, der aussieht wie der Stumpf eines Vulkans. »Vulcano buono« bedeutet »guter Vulkan« – anders als der Vesuv, ein richtiger Vulkan in der Nähe, der einst die römische Stadt Pompeji und all ihre Läden zerstörte.

WINDRAD

Huhu! Ich bin eine Windböe auf dem Weg zum höchsten Windrad der Welt.
Bis gleich!
HUIIII!
Inzwischen
Tag! Dieses Superwindrad bin ich! Ich bin 260 Meter hoch und stehe in Rotterdam in den Niederlanden am Meer!
Nur wenige Menschen haben mich je aus der Nähe gesehen. Ich bin viel zu groß – jedes meiner Rotorblätter ist so lang wie ein Fußballfeld.
Wenn der Wind auf meine Blätter trifft, schiebt er sie an und bringt den Rotor in Bewegung. Im Inneren der Turbine dreht sich ein Magnet mit.
SPULE
MAGNET
SPULE
Um den Magneten liegen Eisenspulen. Durch die Bewegung des Magneten entsteht in ihnen elektrische Spannung. Das hat der britische Wissenschaftler Michael Faraday 1831 entdeckt.
Auf Seite 68 sehen wir uns wieder!
Eine Maschine, die Bewegung in Elektrizität umwandelt, heißt »Dynamo«.
Ich habe sozusagen ein dynamisches Wesen!
Schon seit Jahrhunderten nutzen die Menschen den Wind.
Schiffe
Windmühlen
Drachen
Aber erst 1887 baute der schottische Wissenschaftler James Blyth das erste Windrad der Welt.
Warum ist mir das nicht früher eingefallen?
Dreh!
Mir ist ein Licht aufgegangen!
Es versorgte die Lampen in seinem Landhaus mit Strom.
Leider wurde seine Idee kaum beachtet. Stattdessen erzeugte man Strom, indem man Kraftwerke mit schmutzigen Brennstoffen wie Kohle betrieb.
Schade eigentlich! Hust!
Dabei kann eine Maschine wie ich 16 000 Haushalte mit Strom versorgen, ohne Treibhausgase zu produzieren.
Kennst du mich noch?
Danke, lieber Wind!
Und jetzt such ich mir einen Wolkenkratzer!
Platz da!

ECHT WAHR?

GROSSE DREHMOMENTE

Achtung! Windrad voraus!

WÜSTENWINDE

Eine Ansammlung von Windrädern heißt Windpark. Der größte Windpark der Welt mit über 7000 Windrädern steht in Gansu, einer entlegenen Gegend in China am Rand der Wüste Gobi.

ROTER ALARM

Die meisten Windräder sind weiß, damit Flugzeugpiloten sie besser sehen können. In Deutschland zeigen rote Streifen auf den Rotorblättern außerdem an, wie weit das Windrad vom nächsten Flughafen entfernt ist.

RINGELREIHEN

An der friesischen Nordseeküste wurde ein Windrad rot und weiß geringelt angestrichen wie die Leuchttürme der Gegend.

FLEDERMAUSALARM

Windräder sind gut für unseren Planeten, können Vögeln und Fledermäusen aber leider gefährlich werden. An manchen sind deshalb Lautsprecher angebracht, die hochfrequente Töne abspielen, um nachts Fledermäuse abzuschrecken.

ZU HAUSE IST ES AM SCHÖNSTEN!

Wie wär's, in einem Elefanten zu übernachten oder eine riesige Toilette aufzusuchen? Die Welt hat ein paar total schräge Gebäude zu bieten!

Das auf dem Kopf stehende Haus im polnischen Ort Szymbark ist eine echte Touristenattraktion. Rein kommt man durch ein Dachfenster!

Das »Haines Shoe House« in Pennsylvania, USA, wurde von einem Schuhhändler zu Werbezwecken gebaut. Vor dem Betreten Schuhe abputzen!

»Lucy« ist ein riesiger Betonelefant. Sie steht in New Jersey in den USA und dient als Hotel. Hier kann man sich auf ein extragroßes Ohr legen!

Dieses Haus in Miziara im Libanon ist die originalgetreue Nachbildung eines Airbus A380, des größten Passagierflugzeugs der Welt. Ob diese Idee durchstartet?

Im Dach eines Hauses im englischen Oxford steckt ein riesiger Hai aus Fiberglas!

Das »Mr. Toilet House« in Suwon, Südkorea, ist ein Klomuseum. Vor dem Eingang liegt ein enormer goldener Kackhaufen. Also Hände waschen nicht vergessen!

KAPITEL 2 UNTERWEGS

Seit über 200 000 Jahren sind die Menschen unterwegs – erst zu Fuß, dann auf dem Wasser, zu Pferd, mit Rädern oder Flügeln. In diesem Kapitel geht es um umweltschonende Fortbewegungsmittel und vieles mehr. Dann mal los – nach ein paar wichtigen Sicherheitshinweisen!

DAS ERSTE TEMPOLIMIT DER WELT

Als das Automobil 1865 in Großbritannien eingeführt wurde, durfte in Ortschaften nicht schneller als 1,6 Stundenkilometer gefahren werden. Außerdem musste immer jemand mit einer roten Fahne vor dem Auto herlaufen!

DER ERSTE KINDERSITZ

Der Autokindersitz wurde 1962 von der Britin Jean »Jerry« Ames erfunden. Die berufstätige Mutter war um die Sicherheit ihres kleinen Sohnes besorgt.

DER FAHRER MIT DEN MEISTEN UNFÄLLEN

Der Crashtest-Dummy »Hybrid III« saß 1976 zum ersten Mal am Steuer.

Autohersteller auf der ganzen Welt setzten ihn ein. Im Stehen war er 1,75 Meter groß.

DIE SELTSAMSTE SCHUTZMASSNAHME

Es klingt komisch, aber die meisten modernen Autos haben Sprengstoff an Bord!

Er wird bei einem Zusammenstoß gezündet. Dadurch entsteht Gas, das die Airbags aufbläst.

FAHRRAD

Hey! Ich bin ein BMX-Rad. Ich zeige dir ein paar große Sprünge aus der Geschichte des Fahrrads!
BMX steht für »Bicycle Motocross«, einen Sport, der in den 1970ern erfunden wurde.
Unser erster Halt in der Geschichte des Fahrrads liegt im Jahr 1817. Damals baute der deutsche Erfinder Karl von Drais ein Wunderding aus Holz.
Meine »Laufmaschine« wird das Pferd ersetzen!
NIHIHIE EMALS!
Karls Apparat wurde mit den Füßen angetrieben – echt anstrengend!
Ich bin total kaputt – genau wie meine Schuhe!
Ha! Meine nicht!
Trotzdem fand er Fans in ganz Europa und bekam viele neue Namen …
Draisine!
Velocipede!
Dandy Horse!
Blöder Quatsch!
1853 montierte der Deutsche Philipp Moritz Fischer Pedale an das Vorderrad …
Ich nenne es »Tretkurbelfahrrad!«
Eingängig!
1863 bauten französische Ingenieure eine verbesserte Version aus Metall.
Es w-w-wird K-k-knochenrüttler genannt.
W-w-wieso b-b-bloß?
Rüttel!
Rappel!
Rums!
In den 1870ern entstand das Hochrad.
Huch!
Ja, sehr hoch. Gulp!
Weil es nicht nur schwierig war, Hochrad zu fahren, sondern auch gefährlich, kam es schnell aus der Mode.
Mal fahren?
Fahrrad? Viel zu gefährlich!
Schon 1880 löste das »Sicherheits-niederrad« das Hochrad ab. Es hatte eine Kette, Bremsen und zwei gleich große Räder.
Viel besser!
Im Grunde sind alle seither gebauten Räder Varianten davon – sogar ich!
Und wir Pferde sind immer noch da. Ha!

ECHT WAHR?

PEDALKRAFT

AUSSERIRDISCHE TRITTKRAFTVERSTÄRKUNG

Das bekannteste Fahrrad der Welt ist sicher das BMX-Rad, das 1982 im Film *E.T. – der Außerirdische* am Mond vorbeiflog. Der Film machte BMX-Räder zu echten Stars.

IST ES EIN VOGEL?

Seit einigen Jahren ist BMX sogar olympisch. Coole Fahrradtricks heißen »Tail-Whip«, »T-Bog« oder »Bunny Hop«. Beim »Superman« fliegt der Fahrer wie ein Superheld hinter seinem Rad her.

FLIEGENDER HOLLÄNDER

Der niederländische Radsportler Sebastiaan Bowier stellte 2013 einen neuen Geschwindigkeitsweltrekord auf. Mit einem stromlinienförmig verkleideten Liegerad radelte er 133 Stundenkilometer.

HANDLICH!

Handbikes sind Dreiräder, die mit den Armen statt mit den Beinen angetrieben werden. Erstaunlich, aber wahr: Das erste bekannte Exemplar fuhr bereits 1655!

HOCHGESCHWINDIGKEITSZUG

ECHT WAHR?

RASEND INTERESSANT!

HELLO, YELLOW!

Ein ganz besonderer Superschnellzug ist »Dr. Yellow«. Er ist knallgelb und rast die Shinkansen-Strecken entlang, um sie zu überprüfen. Man sagt, ihn zu sehen, bringe Glück!

SUPER-FAST FOOD

Hungrige Hochgeschwindigkeitsreisende werden mit »ekiben«, leckeren Snacks in Dr.-Yellow-förmigen Boxen abgespeist.

HELLO, L0!

Der L0 (L Null) ist ein experimenteller Shinkansen. Er fährt auf Magnetbahnen statt auf Schienen. 2015 stellte er mit 603 Stundenkilometern einen neuen Geschwindigkeitsweltrekord für Züge auf. Für ihn null problemo!

HELLO, KITTY!

Die meisten Hochgeschwindigkeitszüge sind weiß, in einigen Regionen haben sie aber auch andere Farben. Der wahrscheinlich süßeste Shinkansen ist rosa und weiß zu Ehren der japanischen Zeichentrickfigur »Hello Kitty«.

ELEKTROAUTO

ECHT WAHR?

UNTER STROM

VOLLER MOND

Wie wär's mit einem eigenen E-Auto? Auf dem Mond stehen noch drei! Die Mondfahrzeuge wurden Anfang der 1970er bei den Apollo-Missionen der NASA dort zurückgelassen.

UNENDLICHER PARKRAUM

Tesla ist die meistverkaufte E-Auto-Marke der Welt. 2018 schoss ihr Besitzer Elon Musk seinen elektrischen Sportwagen in eine Umlaufbahn um die Sonne – als Test für die Raketen, die er außerdem herstellt.

AUF DER MILCHSTRASSE

Im letzten Jahrhundert kamen Elektroautos vor allem als Milchwagen, langsame elektrische Lieferwagen, mit denen Milch ausgeliefert wurde, zum Einsatz. Mit ihren leisen Motoren störten die Autos die schlafenden Kunden nicht, wenn sie früh am Morgen durch die Straßen fuhren. Pssst!

BLITZSCHNELL

Das schnellste Elektrofahrzeug der Welt ist der »Buckeye Bullet 3«, gebaut von Studierenden der Ohio State University in den USA. 2016 stellte es den Rekord von 495 Stundenkilometern auf – das ist etwa fünfmal so schnell, wie Autos in den USA normalerweise fahren dürfen.

IE 81121

HÖCHST EINFALLSREICH

BERTHA BENZ

Guten Tag! Ich heiße **Bertha Benz.** Mein Mann Carl hat 1885 das benzinbetriebene Automobil erfunden, aber ohne mich hätte vielleicht nie jemand davon erfahren.

Das ist die jüngste Version seiner Erfindung, der »Patent-Wagen III«. Carl ist ein ganz toller Erfinder, aber mit dem Verkaufen klappt es nicht so gut. Also ließ ich mir etwas einfallen!

Vor Sonnenaufgang am 5. August 1888, als Carl noch schlief, »borgten« meine Söhne Eugen (15) und Richard (13) und ich uns eines von Carls Autos. Wir machten uns auf den Weg zu meiner Mutter, die 106 Kilometer entfernt wohnte. So weit war noch nie ein Auto gefahren!

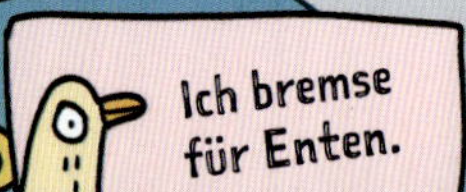

Tut! Tuuut!
PN54 JRZ 96
Damals gab es noch keine Straßenschilder, deshalb musste ich die Route nach Gefühl finden. An jeder größeren Steigung mussten die Jungs schieben.
Vorwärts, Jungs!
In einer Stadt namens Wiesloch mussten wir in einer Apotheke Benzin nachkaufen. Das war dann wohl die erste Tankstelle der Welt!
Natürlich gab es unterwegs auch Probleme: Ein Schmied musste eine Kette flicken und der Motor musste immer wieder mit Wasser gekühlt werden. Eine verstopfte Benzinleitung konnte ich mit meiner Hutnadel wieder frei bekommen! Ich bin eben auch eine gute Technikerin!
Nach Einbruch der Dunkelheit kamen wir bei meiner Mutter an. Die Nachricht von unserer Rekordfahrt ging um die ganze Welt, und auf einmal wollten viele Leute Carls Auto kaufen. Mein Plan war aufgegangen!
DIE WEITE WELT
REKORD-FAHRT
BENZ-BENZIN-KUTSCHE HÄNGT ALLE AB!
KATZE AN BORD
Außerdem hatte ich dabei nicht nur die Probefahrt erfunden, sondern auch den Familienausflug. Denk daran, wenn du deine Eltern das nächste Mal fragst:
Wann sind wir endlich daaa?
IP 119215

DROHNE

Hallo! Ich bin ein ferngesteuerter Minihubschrauber, auch bekannt als »Drohne«.
Surrrr!
Surrrr!
Surrrr!
»Drohne« klingt vielleicht öde, aber wir sind alles andere als das!
Unsere Geschichte reicht zurück bis ins alte China zu Flugspielzeugen mit Federn statt Rotorblättern.
Du drehst es mit den Händen?
Ja, und dann hebt es ab.
Der italienische Schlaukopf Leonardo da Vinci entwarf schon in den 1480ern eine »Luftschraube«, aber die blieb am Boden.
Seufz! Grins nicht so!
In den darauffolgenden Jahrhunderten gab es viele Versuche, rotorbetriebene Fluggeräte zu bauen – ohne Erfolg. Erst 1861 gelang dem französischen Erfinder Gustave d'Amécourt ein Durchbruch.
Ich habe das Wort »Helikopter« erfunden! »Helico« heißt Spirale und »pter« ist Griechisch für Flügel.
helico + pter
1907 flog ein anderer französischer Erfinder, Louis Charles Breguet, zum ersten Mal selbst mit einem Hubschrauber – 60 Zentimeter über dem Boden!
Gilt trotzdem, oui?
Waber!
Schweb!
60cm
Sein Gerät war ein Quadkopter mit vier Rotoren, genau wie ich!
Surr!
Ich bin historisch!
Surr!
Danach entstanden immer größere und bessere Hubschrauber.
Der größte Hubschrauber, den es gibt, ist der 40 Meter lange »MIL MI-26«. Der könnte drei afrikanische Elefanten gleichzeitig anheben!
Surr!
Die schicken, kleinen, batteriebetriebenen Drohnen hoben erst in den 1990ern ab. Sie sind vielseitig einsetzbar.
Surr!
Berge kartografieren
Surr!
Filme drehen
Surr!
Spritz!
Feuer löschen
Surr!
Hilfe!
Leben retten
Surr!
Wie gesagt: Drohnen sind nicht öde! Jetzt vermesse ich einen Wolkenkratzer.
Tschüssi!

ECHT WAHR?

OBEN DROHNE

WELTRAUMTRAUM

»Drone-Racing« ist ein Sport, bei dem man Drohnen in einem Affenzahn spezielle Rennstrecken entlangjagt. Die Spielerinnen und Spieler tragen Virtual-Reality-Brillen und bekommen so das Gefühl, beim Fliegen wirklich an Bord der Drohne in einem winzigen Pilotensessel zu sitzen.

DROHNENZEITUNG

LEBEN AUF DEM MARS

Ein kleiner Hubschrauber namens »Ingenuity« war im April 2021 der erste Gegenstand von der Erde, der zum Mars flog. Die amerikanische Weltraumbehörde NASA hatte ihn losgeschickt, um dort nach Spuren von Leben zu suchen.

SONDERZUSTELLUNG

In der Zukunft könnten Drohnen uns Waren, Lebensmittel und Medikamente nach Hause liefern. Einige große Firmen haben das bereits getestet, aber es gibt noch Sicherheitsbedenken.

HIMMELSAUGE

Drohnen können auch beim Tierschutz helfen, indem sie gefährdeten Arten folgen und Wilderer aufspüren. Allerdings irritiert Elefanten das Geräusch von Drohnen, weil sie nicht sehen können, woher es kommt.

WUNDER der WELT

GENIALE GEFÄHRTE

Wie kommst du morgens eigentlich zur Schule? Mit dem Bus, dem Fahrrad oder zu Fuß? Auf der Welt gibt es jede Menge witzige Möglichkeiten, von A nach B zu kommen.

In der kubanischen Hauptstadt Havanna kurven die knuffigen »Coco-Taxis« herum. Ihren Namen haben sie wegen ihrer Form, die an eine Kokosnuss erinnert.

Auf den Straßen Guatemalas fahren die bunt bemalten »Hühnerbusse«. Lust auf einen Ausflug mit Geflügel?

Die kambodschanischen Bambuszüge oder »Norrys« sind motorisierte Holzflöße, die auf Schienen fahren. Als Sitze dienen einfache Matten.

In Thailand bringen dich die lustigen »Tuk-Tuk«-Taxis, wohin du willst. Sie sind nach dem Tuk-tuk-tuk-Geräusch benannt, das sie beim Fahren machen.

Auf der Insel Madeira kann man die steilen Straßen der Hauptstadt Funchal mit einem Schlitten hinunterfahren.

Die letzte noch betriebene Luftkissenbootlinie fährt zwischen der Isle of Wight und dem englischen Festland. Dabei schwebt man buchstäblich über dem Wasser.

KAPITEL 3 HEIM UND HERD

Die erste große Erfindung in Sachen Haushalt war wahrscheinlich das Lagerfeuer, damals, als Höhlen noch modern waren. Die Mikrowelle kann zwar im Nullkommanichts das Essen aufwärmen, davorzusitzen ist aber eher ungemütlich. In diesem Kapitel befassen wir uns mit nützlichen Alltagshelfern für uns und unsere pelzigen vierbeinigen Freunde. Es gibt nichts, was es nicht gibt, manches wirkt wie aus einem Science-Fiction-Film!

DIE GENERVTESTE ERFINDERIN

1886 erfand Josephine Cochrane aus Illinois, USA, eine Geschirrspülmaschine, die die Teller mit Wasser abspritzte, weil sie es so satthatte, selbst abzuwaschen.

DER UNBEKANNTESTE ERFINDER

Der Staubsauger wurde 1907 von James Spangler erfunden. Der verkaufte die Idee an William Henry Hoover, weshalb Engländer bis heute »hoovern«, wenn sie saugen.

DAS SICHERSTE ZUHAUSE

Die New Yorker Krankenschwester Marie Van Brittan Brown erfand das Heimüberwachungssystem. Sie installierte überall in ihrem Haus Kameras, weil sie sich nachts fürchtete.

DIE AUFDRINGLICHSTE ERFINDUNG?

Virtuelle Assistenten sind ständig mit dem Internet verbunden, um die Wünsche ihrer Besitzerinnen und Besitzer zu erfüllen. 2018 bestellte sich Papagei Rocco so eine Melone, Eis und einen Drachen.

TOILETTE

Hey! Wir sind zwei Kackhaufen – und wir sind stinksauer!
Und ob!
Besonders sauer sind wir auf diese Königin.
GRRR!
Vor gut 400 Jahren benutzte die englische Königin Elisabeth I. als erste Prominente ein Wasserklosett.
Dieser Thron findet meine Zustimmung.
Das Wasserklosett wurde erfunden von ihrem Patenkind John Harington, Dichter und Klempner.
Erleicht're dich an stillem Ort. Rasch trägt das Wasser alles fort.
1596 baute er ein hölzernes Klo mit einem Wassertank darüber. Das Wasser spülte allen Dreck weg.
Tank
Sitz
Entwurf
Damit ging unsere Lebensfreude ein für alle Mal den Bach hinunter!
Wir wurden besch…!
Vor der Erfindung der Toilette hatten die Leute Töpfe unterm Bett.
Unter dem Bett ist ein Ungeheuer!
So schlimm ist es nun auch wieder nicht.
Vorsicht da unten!
Morgens verdrückten wir uns.
Huiiii!
Ich glaube, es regnet.
So machte Verschwinden Spaß!
Ich bin Superkacke! Attacke!
Ich auch!
Seit der Erfindung der Toilette finden wir nun ein feuchtes Grab.
Hilfe, ich kann nicht schwimmen!
Ich auch nicht!
Zu allem Überfluss erfand der englische Klempner Thomas Crapper in den 1860ern auch noch das U-Rohr.
FLUSH!
Es gibt kein Zurück!
Dem Untergang geweiht!
Ganz ehrlich: Wir hassen Toiletten.
Toiletten sind Mist! Grrr!

ECHT WAHR?

NIMM PLATZ!

BIS ZUR UNENDLICHKEIT

Die teuerste Toilette der Welt hat alles in allem über 23 Millionen US-Dollar gekostet. Sie befindet sich an Bord der internationalen Raumstation ISS und lässt ihren Inhalt mithilfe eines Propellers statt mit Wasser verschwinden.

SCHÖNER THRONEN

Das wertvollste Klo der Welt befindet sich in der Hang Fung »Hall of Gold« in Hongkong. Es ist aus massivem Gold und fünf Millionen Dollar wert. Deshalb darf es auch niemand benutzen.

HUI ODER PFUI?

»Modern Toilet«, »die moderne Toilette«, ist eine Restaurantkette in Taipeh, Taiwan. Die Gäste sitzen auf Klos und essen zum Beispiel Pudding in Haufenform von kleinen Badezimmermöbeln.

IST DAS KUNST?

Die Skulptur »Fountain« (»Brunnen«) des surrealistischen Künstlers Marcel Duchamp aus Frankreich ist ein handelsübliches Pissoir, signiert mit »R. Mutt, 1917«. Viele halten sie für das wichtigste moderne Kunstwerk überhaupt!

HÖCHST EINFALLSREICH

PERCY SPENCER

HALLO! Ich bin der amerikanische Ingenieur und Erfinder Percy Spencer. Klingelt etwas bei dir, wenn du meinen Namen hörst? Bei meiner berühmtesten Erfindung bestimmt: dem Mikrowellenherd!

Diese Erfindung war ein glücklicher Zufall. Anfangs hatte ich nicht so viel Glück im Leben: Mit zwölf musste ich die Schule verlassen, um zu arbeiten. Später ging ich zur Marine, wo ich alles über Wellen lernte – vor allem über Radiowellen.

Während des Zweiten Weltkriegs arbeitete ich bei einer Firma, die sogenannte Magnetrone entwickelte. Die produzierten unsichtbare Strahlen: Mikrowellen. Als ich irgendwann dicht neben so einem Gerät stand, wurde es ganz warm an meinem Bein.

Ein Schokoriegel in meiner Hosentasche war geschmolzen. Da kam mir – bing! – eine Idee. Ich vermutete, die Mikrowellen hatten die Hitze erzeugt. Ich überprüfte meine Theorie mit einer Tüte Popcornmais – und ja, die Körner wurden auch heiß. Pop!

Als Nächstes beschoss ich ein rohes Ei mit Mikrowellen. Die unsichtbaren Strahlen erhitzten es innen so stark, dass es explodierte und meine Kollegen und mich von oben bis unten bekleckerte. Wir waren sozusagen echte Eierköpfe. Ups!

Nach all diesen Versuchen begann ich, einen Mikrowellenherd für zu Hause zu entwickeln. Das erste Modell von 1947 hieß »Radarange«. Leider war es viel zu groß (zwei Meter) und zu teuer. Wir haben nur einen einzigen verkauft!

Aber schon bald wurden die Geräte und damit auch ihr Preis kleiner. Heutzutage helfen sie vielen Leuten beim Kochen. Die Strahlen heizen die Lebensmittel auf, indem sie die Wasserstoffmoleküle in superschnelle Schwingungen versetzen. Fertig! **BING!**

BLÄSCHENFOLIE

ECHT WAHR?

PLOPPSTAR

GOLDENE PLOPPZEIT

Sealed Air, die von den beiden Erfindern der Luftpolsterfolie gegründete Firma, feierte 2010 ihren 50. Geburtstag mit einer Sonderausgabe: goldene Bläschenfolie!

LIEBES-BLÄSCHEN

Inzwischen gibt es Folie mit Bläschen in allen Größen und Formen, neuerdings auch Smileys und Herzchen.

PLOPPART-KÜNSTLER

Der amerikanische Künstler Bradley Hart kopiert berühmte Gemälde, indem er die Bläschen auf riesigen Luftpolsterfolienflächen mit Farbe füllt.

NONSTOP-PLOPP

»Mugen puchi puchi« heißt ein elektronisches Spielzeug aus Japan. Wenn man draufdrückt, fühlt und hört sich das an, als würde man Luftpolsterbläschen zerdrücken – und die Bläschen gehen niemals aus.

PACKEN WIR'S EIN!

Luftpolsterfolie kann zwar recycelt werden, besser ist aber, sie einfach immer wieder zu verwenden. Natürliche Alternativen sind z. B. kompostierbare Verpackungschips aus Mais und Pilzen.

HAUSHUND

Hallo! Ich bin hier.
Hier unten! Also bitte!
Geht doch! Ich bin ein Dackel. Klein, aber mit dem Herzen eines Wolfs.
Wedel!
Dieser Wolf ist längst ausgestorben. Er lebte wahrscheinlich vor rund 14 000 Jahren in Sibirien, Russland.
Wir fraßen Mammuts …
Drehten sie quasi durch den Wolf!
Mit heutigen Wölfen sind heutige Hunde nicht mehr sehr eng verwandt.
Tut mir leid!
Schon okay!
Vielleicht haben sich unsere Urahnen an die Menschen herangemacht, weil die immer Essen herumliegen ließen.
Kau! Schling!
Ordentlich sind sie ja nicht.
Ja! Toll, oder?
Vielleicht hat auch die Wärme der Feuer sie angezogen.
Daran könnte ich mich gewöhnen … so in 14 000 Jahren.
Weniger scheue Wölfe sind bei den Menschen geblieben.
Ja, ganz brav, Waldi!
KLOPF!
Seufz! Mein Wolfsname ist Knochenbrecher!
So wurden wir Hunde die ersten Haustiere überhaupt.
Päh! Na, und?
Meinetwegen.
In Wirklichkeit haben wir Hunde natürlich euch gezähmt.
Genau!
Jep!
Überlegt doch mal, was ihr alles für uns tut.
Futter suchen
Türen öffnen
Schmusen
Kacke einsammeln
Ich würde sagen, wir sind die Alphatiere.
Was?
Patsch!
Kratz!
Oder auch nicht.

ECHT WAHR?

SO EIN HUNDELEBEN

HIERHER, STROLCH!

Die automatische Leine, die den Wauzi erst davonziehen lässt, um ihn dann per Knopfdruck wieder zurückzuholen, wurde 1908 von der New Yorkerin Mary A. Delaney erfunden. Sie sollte verhindern, dass sich der Hund immer an Laternen verheddert. Hunde lieben Laternen!

ABGESCHIRMT

Irina Zhadan-Milligan, eine andere New Yorkerin, erfand 2003 einen durchsichtigen Regenschirm für Hunde. Er hält die Hunde bei Regen schön trocken – zumindest bis sie durch eine Pfütze dackeln.

ZUM QUAKEN!

»Quack« heißt ein in Japan erfundener weicher Silikonschnabel, der aus einem bissigen Hund im Handumdrehen eine etwas dämlich, aber freundlich lächelnde Ente macht.

OHRRR, OHRRR!

1980 ließ sich der amerikanische Erfinder James D. Williams spezielle Hundeohrenschützer patentieren. Die Dinger sollten verhindern, dass langohrige Hunde ihre Löffel beim Fressen in den Napf hängen.

VISIONÄR

Die US-Amerikanerin Roni de Lullo erfand die Hundesonnenbrille »Doggles«, nachdem sie mit ihrem Hund in der Sonne gespielt hatte. Die Brille ist nicht nur ein Hingucker und schützt vor Staub und Sand, sie macht auch den Hundeblick noch unwiderstehlicher.

WUNDER der WELT

FANTASTISCHE FEHLER

Plopp! Bing! Bläschenfolie und Mikrowellen klingen sehr unterschiedlich. Sie haben aber auch etwas gemeinsam: Beide wurden aus Versehen erfunden. Es gibt noch viele andere Zufallserfindungen, darunter beliebte Spielsachen!

DRANBLEIBEN!

Als amerikanische Chemiker 1968 versuchten, einen superstarken Kleber zu entwickeln, stellten sie aber einen ganz sanften her. Erst Jahre später kamen sie auf die Idee, Klebezettel damit zu bestreichen. Gelb sind die nur, weil das Papier, auf dem das getestet wurde, diese Farbe hatte.

FITTER KITT

1943 erfand der schottische Chemiker James Wright die erste intelligente Knete: »Silly Putty«. Auf der Suche nach einer neuen Art von Gummi entwickelte er eine Masse, die hüpfte und sich ziehen ließ, sich aber nicht verformte, wenn man mit dem Hammer draufschlug. Wie bekloppt ist das denn?

MIT SICHERHEIT!

Der amerikanische Mechaniker Walter Hunt erfand 1849 die Sicherheitsnadel. Beim Nachdenken, wie er seine Schulden zurückzahlen könnte, bog er ein Stück Draht zu einer Spange. Er verkaufte die Idee für 400 Dollar an eine Firma, die dann Millionen damit verdiente. In den 1970ern kamen Sicherheitsnadeln bei den Punks groß in Mode!

VON WAND ZU HAND

Die beliebte Knetmasse »Play-Doh« wurde in den USA der 1930er eigentlich entwickelt, um damit Tapeten zu reinigen. Erzieherinnen und Erzieher fanden zufällig heraus, wie gut man damit kneten kann. Daraufhin wurde die Masse bunt gefärbt und als Spielzeug neu auf den Markt gebracht.

FEDERN LASSEN

1943 fiel dem amerikanischen Schiffsingenieur Richard James eine Schraubenfeder vom Regal. Er beobachtete, wie sie einen Bücherstapel »hinunterlief«. Er verbesserte das Design und brachte die Spiralen als »Treppenläufer« in den Handel.

KAPITEL 4
ESSEN UND TRINKEN

Essen und Trinken zu schätzen, ist gar nicht leicht, wenn man nur einen Einkaufswagen durch den Supermarkt schieben muss. Unsere Vorfahren mussten ihr Obst und Gemüse mühsam selbst anpflanzen und eine Herde Mammuts diente als mobile Fleischtheke. Heute bekommen wir alles auf dem Silbertablett serviert. Lasst uns einmal durchkauen, was es mit unseren Leibgerichten auf sich hat.

DAS WICHTIGSTE ESSEN DER WELT

Lebensmittel, die viel von vielen Menschen gegessen werden, heißen Grundnahrungsmittel. Das wichtigste weltweit ist Mais. Die Maya verehrten ihn sogar als Gottheit. Also erweise deinen Cornflakes Respekt!

DAS ÄLTESTE ESSEN DER WELT

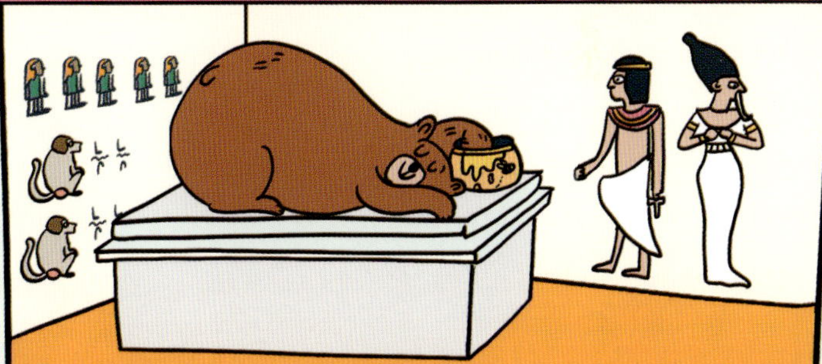

In Georgien wurden 5500 Jahre alte Tongefäße mit Honig ausgegraben. Auch im Grab des ägyptischen Pharaos Tutanchamun wurden Honigtöpfe gefunden. Ob die ein Mindesthaltbarkeitsdatum haben?

DIE SCHWERSTE RÜBE DER WELT

Fakt trifft Märchen! Im Februar 2021 erntete der kanadische Farmer Damien Allard eine riesige Steckrübe. Sie wog unfassbare 29 Kilogramm! Er hat sie auch ohne die Hilfe einer Maus aus der Erde bekommen.

DIE STINKIGSTE FRUCHT DER WELT

Die Durianfrucht ist eine stachelige Frucht aus Asien, die zwar köstlich schmeckt, aber ganz widerlich riecht. Sie stinkt so fürchterlich, dass man damit in Singapur nicht in Busse und Bahnen einsteigen darf.

HAMBURGER
Hi! Ich bin ein rätselhaftes Nahrungsmittel.
?
Bist du nicht einfach ein Hamburger?
Pssst! Nicht gleich alles verraten!
Ich habe viele Namen und Formen.
Hamburger
Bulettenbrötchen
Burger
Cheeseburger
Aber wer hat mich erfunden? Und was habe ich mit Hamburg zu tun?
Sesambrötchen
Kopfsalat
Sauce
Frikadelle
Gewürzgurken
Ich bin sozusagen ein Hochstapler!
Vielleicht haben deutsche Auswanderer aus Hamburg um 1800 die Frikadelle mit nach Amerika gebracht.
Komischer Name, aber lecker!
Frikadellen wurden von Tellern und nicht im Brötchen gegessen.
Das ist echt mühsam.
Das stimmt!
Aber wer hat das Fleisch in das Brötchen gesteckt?
Aha!
Noch ein Rätsel!
Uuuh!
Mehrere amerikanische Köche behaupten, den ersten Burger zubereitet zu haben.
Ich. Fletcher »Old Dave« Davis 1880!
Ich. Der fünfzehnjährige »Hamburger-Charlie« Nagreen 1885!
Ich. Louis »ohne Spitzname« Lassen 1900!
Wir. Frank und Charles Menches 1904!
Wer es wirklich war, weiß keiner. Dieser Clown jedenfalls nicht!
Pah!
Wir wissen: Auf der Weltausstellung 1904 in St. Louis, Missouri, waren Burger in aller Munde.
ST. LOUIS HEUTE
FLEISCH IM BROT MACHT WANGEN ROT.
Die erste Burger-Restaurantkette, White Castle, eröffnete 1921 in Wichita, Kansas, in den USA.
Sieht aus wie ein Schloss!
Vielleicht wohnt da ein Burger-King!
Aber wenn du eigentlich nur ein belegtes Brot bist, warum heißt du dann nicht Sandwich?
Hmm ... noch ein Rätsel!

ECHT WAHR?

VON DER HAND IN DEN MUND

OBEN (B)OHNE

Der fleischlose Burger wurde 1982 von dem Koch Gregory Sams erfunden. Da er seit seiner Kindheit Vegetarier war, brauchte er eine ganze Weile, um den Fleischgeschmack hinzubekommen!

MIT VOLLEM MUND

Der Doppelburger Big Mac von McDonald's wurde 1967 in den USA erfunden. Ursprünglich sollte er »Aristocrat« (Adliger) heißen, aber das konnte kaum jemand aussprechen.

PUH STATT MUH

In Indien wird kaum Rindfleisch gegessen. Deshalb gibt es dort bei McDonald's einen scharfen Geflügelburger namens »Maharadscha Mac« und den scharfen »Tikki Burger« aus Kartoffeln und Erbsen.

ROTER ALARM

Die amerikanische Burgerkette »Wendy's« wurde nach der Tochter des Firmengründers Dave Thomas benannt. In den USA ist das Schild mit dem rothaarigen Mädchen genauso oft zu sehen wie das große gelbe M.

FÜR DEN KLEINEN HUNGER

Der kleinste funktionierende Burgertruck wurde von dem Briten Yannick Read für seine drei Kinder Olive, Bertie und Noah gebaut. Er ist nur 1,60 Meter lang und gerade groß genug, um darin kleine Kinderburger zu braten.

WISSENSHUNGRIG

McDonald's betreibt auf der ganzen Welt Burger-Universitäten, an denen man »Hamburgerologie« studieren kann!

SPRUDEL

Jippie! Wir sind die Kohlensäurebläschen in einer Flasche Limonade.
Mach auf!
Ja, lass uns raus!
Wir sind das, was zischt, wenn du dir Limonade ins Glas gießt.
Blubb!
Zisch!
Viel besser!
Danke!
Der Sprudel wurde 1767 von dem englischen Chemiker Joseph Priestley erfunden.
Ich habe Kohlendioxid in Wasser aufgelöst.
Ein prickelnder Einfall!
Der Schweizer Wissenschaftler Johann Jacob Schweppe entwickelte die Idee weiter und stellte 1792 in London das erste Sodawasser her.
»Soda« ist der Stoff, aus dem die Bläschen sind.
Bald darauf wurden sprudelnde »Mineralwasser« mit zusätzlich beigemischten Salzen erfunden.
Genau wie Quell-wasser!
Darauf trinke ich!
Das ganz große Prickeln begann mit der Idee, Zucker und Aromen wie Zitrone oder Ingwer hinzuzufügen.
Das Leben ist süß!
Auch darauf trinke ich!
Die ersten Erfrischungsgetränke wurden als Stärkungsmittel in Apotheken verkauft.
Trinken Sie dreimal täglich zwei Gläser.
Gern! Mmmh!
Vor 150 Jahren brauchte man noch spezielle Flaschen, um den Sprudel im Getränk zu halten.
Durch meine Form bleibt der Korken feucht!
Ich habe einen Marmor-stöpsel!
1892 wurde der Kronkorken aus Blech erfunden.
Ich erkläre die Flasche als eröffnet!
1957 hatte die Aludose ihren ersten Auftritt …
Ich bin unendlich wieder-verwertbar!
Royal Crown Cola, USA
… und Plastikflaschen tummeln sich seit den 1970ern auf der Welt.
Wir sind viel leichter als Glas.
Na und?
Viele davon leider in den Meeren.
Also nicht vergessen zu recyceln!
Zisch!
Tschüss!
Blubb!

ECHT WAHR?

TRINKFEST

DER RETTENDE STROHHALM

Früher saugte man Getränke durch richtige Strohhalme aus Flasche oder Glas. 1888 erfand der US-Amerikaner Marvin C. Stone dann einen Trinkhalm aus gerolltem Papier. Er fand, dass alle Getränke nach Gras schmeckten, wenn man sie mit dem Strohhalm trank.

DIE BIEGE GEMACHT

Auch der biegbare Trinkhalm wurde von einem US-Amerikaner erfunden. 1937 kam Joseph B. Friedman die Idee, als er seine Tochter Judith mit einem starren Trinkhalm kämpfen sah. Sie war zu klein, um das obere Ende in den Mund zu bekommen.

UNSCHLAGBARE FLASCHE

Die geschwungene Coca-Cola-Flasche wurde 1915 entworfen. Sie sollte anders aussehen als alle anderen Flaschen und selbst mit geschlossenen Augen zu erkennen sein. Die größte Coca-Cola-Flasche der Welt steht vor einem Einkaufszentrum in Las Vegas und ist 30 Meter hoch!

DOPPELTE FREUDE

Wenn Plastikflaschen im Mülleimer landen, werden sie verbrannt oder auf Deponien vergraben. Durch Recycling können aus ihnen neue Flaschen oder sogar Klamotten entstehen. Nur zehn Stück ergeben ein T-Shirt! Außerdem hilft Recycling, die Welt zu retten!

FLASCHENSCHIFF

2014 bauten die tschechischen Freunde Jakub Bures und Jan Kara ein Boot aus 50 000 Plastikflaschen und fuhren darauf 850 Kilometer die Elbe hinunter, um auf das Problem der Umweltverschmutzung durch Kunststoff aufmerksam zu machen.

HÖCHST EINFALLSREICH

MOMOFUKU ANDO

Hallo! Ich bin der japanische Geschäftsmann **Momofuku Ando**. 1958 erfand ich das schnellste Fast Food der Welt: die Instantnudelsuppe. Sie wurde im Handumdrehen zum Verkaufsschlager!

Nach dem Zweiten Weltkrieg war Nahrung in Japan knapp. Wer genug Zeit und Geld hatte, stellte sich oft stundenlang an, um an einem Stand eine Schüssel Suppe mit den nahrhaften Eiernudeln namens Ramen zu bekommen. Das musste doch auch schneller gehen!

Monatelang tüftelte ich Tag für Tag in einem kleinen Holzschuppen hinterm Haus daran herum, wie man Nudeln schneller garen konnte. Aber ich kam nicht drauf.

Meine Frau Masako brachte mich schließlich auf die richtige Idee. Sie frittierte Gemüse im Teigmantel in heißem Öl, bis es herrlich knusprig war. Sie zeigte mir, wie ich so auch meine Nudeln gleichzeitig vorgaren und trocknen konnte.

Das Frittieren öffnete kleine Löcher in den Nudeln. Mit kochendem Wasser übergossen, wurden sie blitzschnell wieder weich und gar. Ich verpackte die getrockneten Nudeln zusammen mit Tütchen voller Gewürze und Aromen und brachte im August 1958 mein erstes Instantnudelgericht auf den Markt: Ramen mit Hühnchengeschmack (meine Lieblingssorte!).

Die Leute liebten meine Nudeln und meine neue Firma wuchs und wuchs. 1971 kam mir die Idee, die Zutaten schon gemischt in verschiedenen Geschmacksrichtungen in versiegelten Bechern anzubieten. Heißes Wasser drauf, umrühren, drei Minuten warten – lecker! Die Bechernudeln waren geboren!

Inzwischen werden täglich etwa 100 Milliarden Becher Nudeln gegessen. 2005 verspeiste ein japanischer Astronaut sogar eine besondere Weltallvariante im Spaceshuttle. Manche Japaner finden, meine Nudelsnacks sind eine noch bessere Erfindung als der Hochgeschwindigkeitszug. Auf jeden Fall sind sie genauso schnell!

KARTOFFELCHIPS

ECHT WAHR?

KNABBERSPASS

GIB GAS!

Heutzutage werden Chipstüten eher mit ungefährlichem reaktionsträgem Stickstoff gefüllt als einfach mit Luft. So bleibt der Inhalt noch länger kross!

MAKROCHIPS

Die größte Chipstüte der Welt wurde 2013 von einer britischen Chipsfirma gefüllt. Sie war höher als ein zweigeschossiges Haus und fasste den Inhalt von rund 40 000 normalen Chipstüten.

CHIPSSCHÄTZE

Es gibt echt seltsam geformte Chips! Manchmal werden solche Einzelstücke online versteigert. Ein wie ein Herz geformter Chip kam für über 250 Pfund unter den Hammer!

KRACHMACHER

Wissenschaftler haben festgestellt, dass Chipsessen auch deshalb Spaß macht, weil es so laut ist. Menschen, die beim Snacken Kopfhörer trugen, hörten viel schneller wieder auf.

TÜTENWEISE GESCHMACKSSACHE

Der weltweit beliebteste Chipsgeschmack ist einfach Salz. Gurke und Alge sind in Japan besonders beliebt.

WUNDER der WELT

HIRNNAHRUNG

Viele Nahrungsmittel wurden nach ihren Erfindern oder irgendwelchen Berühmtheiten benannt. Wie würde dir das schmecken?

ADEL VERPFLICHTET

Das Sandwich heißt nach einem englischen Grafen: John Montagu, der vierte Earl of Sandwich (einer Stadt im Südosten Englands), ließ sich seinen Braten beim Kartenspielen immer zwischen zwei Brotscheiben servieren, um die Karten zum Essen nicht ablegen zu müssen.

COOLE SACHE

1905 ließ der amerikanische Schüler Frank Epperson in einer Winternacht seine Limonade mitsamt Rührstab draußen stehen und erfand so das Eis am Stiel. Später tauften seine Kinder die Leckerei »Papas Eiszapfen«, auf Englisch »Pop's icicle«. Bis heute ist »popsicle« das amerikanische Wort für Eis am Stiel.

EIN STÜCK GLÜCK

Der Legende nach wurde die Pizza Margherita nach Königin Margarethe von Savoyen benannt, als diese 1889 die italienische Stadt Neapel, den Geburtsort der Pizza, besuchte. Die roten Tomaten, der weiße Mozzarella und das grüne Basilikum repräsentieren die italienische Flagge.

MEGA-BISS

Der Macintosh, einer der ersten Computer der amerikanischen Computerfirma Apple, wurde tatsächlich nach einem Apfel benannt! McIntosh-Äpfel aus Kanada waren die Lieblingssorte des Apple-Mitarbeiters Jef Raskin, der den Computer 1979 mitentwickelte.

MUCHAS GRACIAS!

Die mexikanischen Nachos wurden nach ihrem Erfinder Ignacio »Nacho« Anaya benannt. 1940 bestreute er Tortillachips und Chilischoten mit Käse und schob das Ganze in den Ofen, um den Gästen seines Clubs nahe der amerikanischen Grenze einen Snack anzubieten.

Kapitel 5
Tragbares

Seit Jahrtausenden beschäftigt die Menschen die Frage, was sie anziehen sollen. Die ersten Kleidungsstücke bestanden aus Fellen, Leder und Baumrinde. Heute verwenden wir Kunstfasern wie Nylon und Plastik, um superbillige Kleidung herzustellen, und werfen sie einfach weg, wenn sie uns nicht mehr gefällt. In diesem Kapitel dreht sich alles um unsere Alltagsrüstung aus dem Kleiderschrank. Zunächst ein Blick zurück:

DIE ÄLTESTEN SOCKEN DER WELT

Diese Socken aus knallroter Wolle sind etwa 1700 Jahre alt und stammen aus dem alten Ägypten. Vorn sahen sie aus wie Hummerscheren, damit sie in Sandalen mit Zehensteg getragen werden konnten.

DAS ERSTE KLEIDUNGSSTÜCK

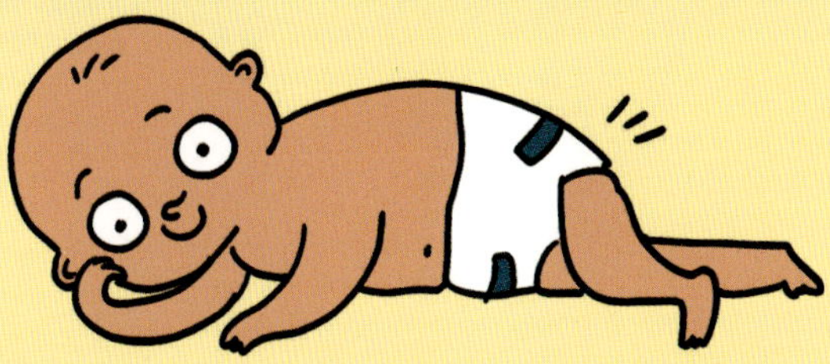

Das allererste Kleidungsstück war für die meisten von uns eine Wegwerfwindel, erfunden in den 1940ern von der US-Amerikanerin Marion Donovan. Inzwischen kehren viele Eltern zu wiederverwendbaren Stoffwindeln zurück.

DIE FEUERFESTESTE FASER DER WELT

Kevlar ist ein superstabiles und hitzebeständiges Material. Es wurde 1965 von der amerikanischen Chemikerin Stephanie Kwolek erfunden. In Kevlarkleidung können Feuerwehrleute sogar durch Flammen gehen.

DER TEUERSTE ANZUG DER WELT

Die US-Raumfahrtbehörde NASA entwickelt gerade einen neuen Raumanzug, der etwa 500 Millionen Dollar kosten wird. Trotzdem müssen die Träger zusätzlich eine riesige Windel namens MAG (Maximum Absorbency Garment) tragen.

JEANS

Hallihallo!
Ich bin eine Jeans!
Lass mich dir eine Geschichte erzählen!
Diese Geschichte handelt von Könnern und Nieten!
Jawoll!
Jep!
Sie beginnt vor Hunderten von Jahren in Europa.
Im italienischen Genua wird ein blauer Baumwollstoff hergestellt, den die Franzosen »bleu de Gênes« nennen.
Genua
In Nîmes in Frankreich wird ein ganz ähnlicher Stoff gemacht: »serge de Nîmes«.
Nîmes
Das Wort »Denim« kommt von »de Nîm(es)«
Von »Gênes« leitet sich wahrscheinlich »Jeans« ab.
Toller Aufschlag!
Springen wir ins Jahr 1871 nach Reno, in die USA. Dort lebt der Schneider Jacob W. Davis.
Ich nähe haltbare Hosen für kräftige Kerle aus dem Wilden Westen!
Eines Tages verstärkt er die Ecken der Hosentaschen mit Kupfernieten.
Wie gesagt: Nieten spielen auch eine Rolle.
Die Hosen mit den Supertaschen verkaufen sich gut, besonders die blauen.
Die bringen mir ein schönes Taschengeld ein!
Er kauft seinen Jeansstoff von einem Händler namens Levi Strauss.
Schon mal gehört?
Gemeinsam fassen sie einen Plan.
Wir müssen unsere Hosen schützen!
Wir machen die Nieten nagelfest!
Also melden sie 1873 ein Patent an, damit niemand ihre Idee nachmachen kann.
Die Jeans ist geboren!
US-Patent Nr. 139.121
Nur dass sie damals noch »Hüftüberhose« hieß und mit Hosenträgern statt mit einem Gürtel getragen wurde.
Ich finde, »Jeans« ist griffiger.
Die patentierten Hosen starteten durch – heute werden Jeans auf der ganzen Welt getragen.
Ihr seid ja total blau!
Und stolz darauf!
Tschüss!

ECHT WAHR?

INS BLAUE

KNITTERKUNDE

Die hellen Falten, die sich beim Tragen von Jeans bilden, haben eigene Namen. Die sternförmigen Knitter auf der Vorderseite heißen »Whiskers« (»Schnurrhaare«), in den Kniekehlen bilden sich »Honeycombs« (»Bienenwaben«) und die ausgewaschenen waagerechten Linien über dem Fuß heißen »Stacks« (»Stapel«).

EINE ECHTE GOLDMINE

Die älteste erhaltene Levi's Jeans stammt aus dem Jahr 1879 und wurde in einer stillgelegten Goldmine entdeckt. Sie ist so wertvoll, dass sie in einem feuerfesten Tresor aufbewahrt wird, den nur zwei Menschen öffnen können.

JEANS*IN

»Lady Levi's« waren 1934 die ersten Jeans extra für Frauen. Auch sie waren ursprünglich als Arbeitshosen gedacht, setzten sich aber bald auch als Freizeitbekleidung beim Urlaub im Westernstil durch.

GRUSS AUS DER HEIMAT

Auf den Reißverschlussgriff vieler Jeans sind die Buchstaben YKK geprägt. Es sind die Anfangsbuchstaben des japanischen Unternehmens Yoshida Kogyo Kabushikikaisha in Tokio, das die meisten Reißverschlüsse der Welt herstellt. Jetzt weißt du's!

BLAUER PLANET

Jeans herzustellen, verbraucht jede Menge Wasser: der Anbau der Baumwolle, das Färben des Stoffes und das Stonewashing, um das Material weich zu machen. Daher sollte man die Hosen so lange wie möglich tragen und notfalls flicken.

TURNSCHUHE
Hi! Wir sind ein paar Hightech-Turnschuhe.
Komm, wir joggen eine Runde durch die Geschichte!
Die ersten Turnschuhe der Welt wurden 1868 in den USA hergestellt.
Leinenschuh
Gummisohle
Sie waren zum Krocketspielen gedacht.
Coole Schuhe!
Hab mir ein Bein ausgerissen, um die zu bekommen!
Ähnliche Schuhe trug man zum Tennisspielen. Ihre leisen Sohlen brachten ihnen einen Spitznamen ein.
Sie nennen uns »Sneakers«, Leisetreter.
Unverschämt!
1917 brachte Marquis Mills Converse seine heute legendären All-Stars-Basketballschuhe auf den Markt.
Ein ganz großer Wurf!
Die mag ich am liebsten!
1924 rief Adolf »Adi« Dassler in Deutschland eine andere große Marke ins Leben.
Fehlt nur noch ein guter Name.
Na, erraten? Genau! Turnschuhe von Adidas trugen den legendären amerikanischen Sportler Jesse Owens zu seinen großen Erfolgen bei den Olympischen Spielen 1936 in Berlin.
Die sind echt Gold wert!
1
2
Adidas wuchs und wuchs, bis die US-Amerikaner Phil Knight und Bill Bowerman 1964 eine neue Laufschuhfirma gründeten.
Blue Ribbon Sports!
Noch nie gehört?
Nachdem die Firma 1970 nach der antiken griechischen Siegesgöttin in »Nike« umgetauft worden war, brachte sie ein paar revolutionäre Entwürfe heraus.
Nike Cortez (1972)
Nike Moon Shoe (1974)
Nike Air Max (1987)
Ein Problem ist allerdings noch nicht gelöst.
Entschuldigt bitte den Gestank!
Mief!

ECHT WAHR?

IN DIE SCHUHE GESCHOBEN

GIBT'S DEN AUCH EINE NUMMER KLEINER?

Der größte Turnschuh der Welt stand in einem Einkaufszentrum in Hongkong, China, und war 6,4 Meter lang – genau die richtige Größe für die Freiheitsstatue.

SECONDHAND

Was glaubst du, sind deine alten Turnschuhe noch wert? Ein Paar gebrauchte Nike Air Ships wurden 2021 für fast 1,5 Millionen Dollar verkauft. Ein Rekordpreis! Die Schuhe hatte Basketballlegende Michael Jordan 1984 getragen und signiert.

HAKEN DRAN

Nikes Markenlogo »Swoosh« wurde 1971 von der Studentin Carolyn Davidson entworfen. Sie bekam damals nur 35 Dollar dafür. Immerhin schenkte ihr die Firma Jahre später einen Diamantring in Form des berühmten Hakens.

VOLL IM FLOW

1990 geriet ein Containerschiff im Pazifischen Ozean in einen Sturm und 61 000 Paare Nike-Turnschuhe gingen über Bord. Forscher nutzten die Bewegung der Schuhe, um die Meeresströmung zu erforschen.

GRÜNE SCHUHE

Wenn Turnschuhe und Sneaker auf dem Müll landen, brauchen sie mitunter 1000 Jahre, um vollständig zu verrotten. Gut erhaltene Schuhe, die dir nicht mehr passen, solltest du deshalb lieber an andere weitergeben, z. B. als Kleiderspende.

MIT LEIB UND SOHLE

Der Name der japanischen Sportartikelmarke Asics setzt sich aus den Anfangsbuchstaben eines 2000 Jahre alten lateinischen Sprichworts zusammen: »Anima sana in corpore sano«, »In einem gesunden Körper wohnt ein gesunder Geist«.

HÖCHST EINFALLSREICH

PATSY O'CONNELL SHERMAN

Hallo! Ich bin die amerikanische Chemikerin Patsy O'Connell Sherman. Ich war in den 1950ern tätig. Damals waren Frauen in der Wissenschaft noch eine Seltenheit. Trotzdem habe ich etwas Tolles erfunden – wenn auch eher zufällig!

1953 war ich bei einer großen Chemiefirma angestellt, die versuchte, eine neue Art von Gummi zu entwickeln. Mein Kollege Sam Sherman und ich experimentierten gerade mit einer Lösung im Labor. Die Flasche kippte um und die Flüssigkeit tropfte unserer Assistentin auf ihre neuen weißen Leinenschuhe.

Sam und ich schrubbten und rubbelten wie wild, um das Zeug abzubekommen, aber nichts funktionierte. Seife, Wasser und spezielle Reinigungsmittel blieben ohne Wirkung. Der Fleck ging nicht weg!

Aber dann passierte etwas Komisches: Der Fleck trocknete, und unsere Assistentin beschloss, die Schuhe weiter zu tragen. Nach und nach wurden sie schmutzig. Nur die Stelle, wo der Fleck gewesen war, blieb weiß. Das machte uns stutzig.

Offenbar war die Stelle schmutzabweisend! Wir bearbeiteten sie mit Tinte und Kaffee, aber sie blieb sauber. Uns wurde klar, dass wir eine sehr wirkungsvolle Imprägnierung erfunden hatten – ein Mittel, das verhindert, dass Kleidung nass und dreckig wird.

Nach vielen Tests (an denen ich nicht teilnehmen durfte, denn ich bin ja eine Frau – grrrr!) brachte unsere Firma das Produkt unter dem Namen »Scotchgard« weltweit auf den Markt. Es schützt Teppiche, Kleidung oder Möbel vor Schmutz – z. B. von den dreckigen Pfoten von Kindern und Haustieren!

Ich war sehr zufrieden mit meiner Erfindung. Weniger zufrieden war ich damit, wie damals mit uns Frauen umgegangen wurde. Ich begann, für die Rechte der Frauen zu kämpfen. Mein Motto: »Auch Mädchen sollten ihren Träumen folgen. Sie können alles, was andere können.«

COOLE SCHULE

Zu entscheiden, was man in die Schule anzieht, kann einem schon morgens den Tag vermiesen. In vielen Ländern gibt es deshalb Schuluniformen.

ZUGEKNÖPFT

In Italien tragen die meisten Schulkinder einen »grembiulino«. Das ist ein langer Kittel mit Knöpfen vorne für die Jungs und Knöpfen hinten für die Mädchen.

NEUE SCHUHE, BITTE!

Wenn japanische Kinder in die Schule kommen, tauschen sie ihre Straßenschuhe gegen »uwabaki«, weiche Hausschuhe. Manche haben bunte Streifen, die anzeigen, in welche Klasse man geht.

LUST AUF POLO?

Weltweit tragen viele Schülerinnen und Schüler im Unterricht Poloshirts. Die wurden 1926 von dem französischen Tennisspieler René Lacoste erfunden. Aus seinem Spitznamen »Krokodil« wurde das Logo seiner Firma.

VERSUCHSKLEIDUNG

Argentinische Schülerinnen und Schüler sehen in ihren langen weißen Kitteln aus wie kleine Wissenschaftler. Die Uniform wurde 1915 von einem Lehrer erfunden.

DRANBLEIBEN

Schulschuhe werden häufig eher mit Klettverschlüssen zugemacht als mit Schnürsenkeln. Diese Erfindung von 1941 stammt von dem Schweizer Ingenieur George de Mestral. Die Idee kam ihm, als er seinen Hund nach einem Spaziergang von unzähligen Kletten befreien musste.

OLD SCHOOL

Christ's Hospital, eine Schule im englischen Sussex, wurde 1552 gegründet. Aus dieser Zeit stammt auch die Schuluniform. Die Schülerinnen und Schüler tragen lange blaue Mäntel, knielange Hosen oder Röcke und knallgelbe Strümpfe.

KAPITEL 6
SPIEL UND SPASS

Wie viele Tiere spielen die meisten Menschen – sogar Lehrerinnen und Lehrer! – ein Leben lang. Im Laufe der Jahrhunderte haben sich die Menschen viele wunderbare, aber auch einige echt schräge Möglichkeiten ausgedacht, sich die Zeit zu vertreiben und Spaß zu haben. Wir starten mit ein paar ungewöhnlichen »Toy Storys«. Lasst die Spiele beginnen!

DIE ÄLTESTE BEKANNTE PUPPE

2017 fanden Archäologen in einer entlegenen Gegend im russischen Sibirien einen etwa 4500 Jahre alten Puppenkopf aus Stein. Die allerersten menschlichen Spielsachen waren aber wahrscheinlich einfach Stöcke. Dein Hund wird das verstehen!

DIE MEISTVERKAUFTE PUPPE

Die »Barbie« wurde 1959 von der amerikanischen Geschäftsfrau Ruth Handler entworfen. Barbie ist nach Ruths Tochter Barbara benannt, Barbies Freund Ken (ab 1961) nach ihrem Sohn Kenneth.

DIE SÜSSESTE PUPPE DER WELT

»Stretch Armstrong«, herausgebracht 1976 in den USA, kann auf das Vierfache seiner Größe auseinandergezogen werden. So bleibt er ein Weilchen (er ist mit einem dickflüssigen Sirup gefüllt) und schrumpft dann langsam wieder zusammen.

DER SELTSAMSTE PUPPEN-HYPE DER WELT

In den 1980ern war die ganze Welt verrückt nach »Cabbage Patch Kids«, knubbeligen Stoffpuppen mit Knopfaugen und Pausbacken. In manchen Geschäften gab es sogar Schlägereien um die putzigen Püppchen. Fragt mal eure Eltern!

SKATEBOARD

Jo, Leute! Ich bin ein Brett mit ein paar krassen Tricks auf Lager!
Fliiiieg!
Ich kann nicht nur durch die Luft fliegen, sondern auch durch die Geschichte!
Ab ins frühe 18. Jahrhundert!
Damals erfand irgendein holländischer Kerl Sohlen mit Rädern, weil er auch im Sommer eislaufen wollte.
Kein Eis? Kein Problem!
Coole Sache!
1759 baute der belgische Tüftler John Joseph Merlin eine größere Version aus Metall.
Ich heiße nicht umsonst Merlin!
Zauber-hafte Idee!
Natürlich doof, wenn man damit bei einem Fest in einen Spiegel rauscht, während man Geige spielt. Ups!
Total vergeigt!
In Paris meldet Charles-Louis Petibled als Erster ein Patent für Rollschuhe an.
Mein Entwurf hat die Dinge ins Rollen gebracht!
Aber mit denen konnte man nur geradeaus fahren!
Kann nicht!
Kommen Sie zurück, Monsieur!
Zisch!
Zum Glück entwickelte der amerikanische Erfinder James Plimpton 1863 lenkbare Rollschuhe.
Noch mal die Kurve gekriegt!
Danach wurden die Skates immer besser!
1900er
1950er
In den 1950ern schraubten ein paar Surfer Räder unter ein Brett und erfanden das Skateboard.
Wir surfen auf dem Gehweg!
Jetzt machen wir eine Riesenwelle!
Jetzt ist das Brett so richtig fett, Bro!
Jo!
Deck
Kicktail
Urethan-Rolle
Truck
Bearings
Aber unkaputtbar bin ich immer noch nicht!
Uff!

ECHT WAHR? BEWEG DICH!

POGO? LOGO!

Der Pogo-Stick wurde 1920 erfunden und nach seinen deutschen Erfindern Max POhlig und Ernst GOttschall benannt. Das einstige Spielzeug hat sich zu einem Extremsportgerät entwickelt. Beim Xpogo vollführen die Sportlerinnen und Sportler spektakuläre Tricks und »pogen» über 3 Meter hoch!

HOPP-HOPP!

Der Hüpfball, ein großer Ball zum Draufsetzen und Hopsen, wurde 1968 in Italien erfunden und hieß ursprünglich »Pon-pon«. Der Geschwindigkeitsrekord im Hüpfballhüpfen liegt bei 30,2 Sekunden auf 100 Meter und besteht seit 2004. Bist du schneller?

ESSEN AUF RÄDERN

Den klappbaren Mikroroller hat sich 1997 der ehemalige Schweizer Banker Wim Ouboter ausgedacht, um auch ohne Auto schnell zu seiner Lieblingswurstbude in Zürich zu kommen. Mit einem Stunt-Roller kann man ähnliche Tricks machen wie mit dem Skateboard.

ZUKUNFTSVISION

Der gebürtige Chinese Shane Chen ließ sich 2011 das zweirädrige elektrische Hoverboard patentieren. Er benannte es nach dem schwebenden Skateboard in der Science-Fiction-Komödie **Zurück in die Zukunft II**, die 2015 spielt. So gesehen war Shane also früher dran!

TEDDYBÄR

Hallo! Ich bin ein Teddybär. Ups, mein Magen knurrt!
Brummm!
Alle haben uns lieb. Aber wer hat uns eigentlich erfunden?
Quetsch!
Ich hab dich so lieb, Bruno!
Uff!
Das ist die deutsche Spielzeugmacherin Margarete Steiff. Sie sitzt seit ihrer Kindheit im Rollstuhl.
Ich nähe Stofftiere und verkaufe sie … in Mengen!
1902 zeichnete ihr Neffe Richard im Zoo der Stadt einen Bären.
Halt still!
Hoffentlich malt er meine Schokoladenseite!
Richard entwarf ein Schnittmuster für einen Stoffbären und Margarete nähte ihn.
Wie läuft es?
Stichhaltig.
Ihr erstes Modell nannten sie PB55.
Hmm. Bruno wäre mir lieber gewesen.
Auf der Spielwarenmesse 1903 war ihr Bär ein Riesenhit.
Ich nehme 3000 Stück für die USA.
Wunder-bär!
1902 machte die Nachricht die Runde, der amerikanische Präsident Theodore Roosevelt hätte sich geweigert, ein wildes Bärenjunges zu erschießen.
Das wäre unvertretbär.
Das wiederum inspirierte den New Yorker Morris Michtom, in seinem Laden einen Stoffbären anzubieten.
Ich nenne ihn »Teddys Bär«!
»Teddy« war der Spitzname des Präsidenten.
Ich hasse diesen Namen. Aber das Stofftier ist süß!
Danke schön!
Die Leute waren ganz verrückt nach Morris' und Margaretes Bären. Wahrscheinlich sind sie noch heute das beliebteste Spielzeug der Welt.
Manche wurden vielleicht zu sehr geliebt!
Ach, Quatsch!
Tschüss!
Knutsch!

ECHT WAHR?

BÄRENSTARK

WELTBÄRÜHMT

Pu der Bär ist wahrscheinlich der bekannteste Bär der Welt. Der liebenswerte kleine Kerl ist einem echten Stoffteddy namens Edward nachempfunden, den der englische Schriftsteller A. A. Milne 1921 für seinen Sohn Christopher Robin kaufte.

LADENHÜTER

Auch Bilderbuchheld Paddington, der vom Pech verfolgte Bär aus Peru, hat einen echten Teddy zum Vorbild. Am Weihnachtsabend 1956 entdeckte sein Schöpfer Michael Bond einen einsamen Bären im Regal eines Spielwarenladens und rettete ihn. Die ersten Paddington-Stofftiere trugen Gummistiefel, damit sie besser stehen konnten.

ALTER BRUMMBÄR

Die Klangdose, die viele Teddys im Bauch haben, heißt Brummstimme. Sie wurde 1908 erstmals von der Firma Steiff eingeführt. Ein Blasebalg im Inneren der Dose erzeugt ein freundliches Brummen, wenn man sie hin- und herkippt.

DIE WELT IST KLEIN

Der kleinste Teddy der Welt mit beweglichen Armen und Beinen ist nur 4,5 Millimeter klein. »Tiny Ted«, der winzige Ted, wurde von der Südafrikanerin Cheryl Moss genäht. Sie ist auf »Mikrobären« spezialisiert. »TT« sitzt in einem Museum unter einem Vergrößerungsglas.

RIESENBÄR

Der größte Teddy der Welt wurde 2019 für den Kindertag am 30. April in Mexiko hergestellt und war in einem Fußballstadion zu sehen. Am Kindertag wird in mexikanischen Schulen nicht gelernt, sondern gefeiert. Jippie!

HÖCHST EINFALLSREICH

LONNIE JOHNSON

Hallo! Ich bin **Lonnie Johnson,** ein amerikanischer Raumfahrtingenieur. Außerdem habe ich nicht nur eines, sondern gleich zwei der beliebtesten Spielzeuge der Welt erfunden. Ich greife also sozusagen bei allem, was ich tue, nach den Sternen!

1982 suchte ich für die US-Raumfahrtbehörde NASA nach Möglichkeiten, um eine Saturnsonde zu kühlen. Statt der umweltschädlichen Gase, die in Kühlschränken zum Einsatz kommen, wollte ich Wasser verwenden. Ich entwickelte eine spezielle Düse, die ich zu Hause im Badezimmer testen wollte.

Ich schloss sie an den Wasserhahn an – und ein scharfer Wasserstrahl schoss quer durchs Bad. Weltraum schön und gut, aber dieses Ding gehörte in eine Wasserpistole! Ich machte mich gleich daran, in meinem Keller einen Prototyp zu bauen.

Das erste funktionierende Modell bestand aus Plastikrohren, einer Limoflasche und anderen Einzelteilen aus dem Haus. Ich gab es meiner siebenjährigen Tochter Aneka zum Testen und sie war begeistert. Sie spritzte ihre Freunde von oben bis unten nass – und die fanden das toll!

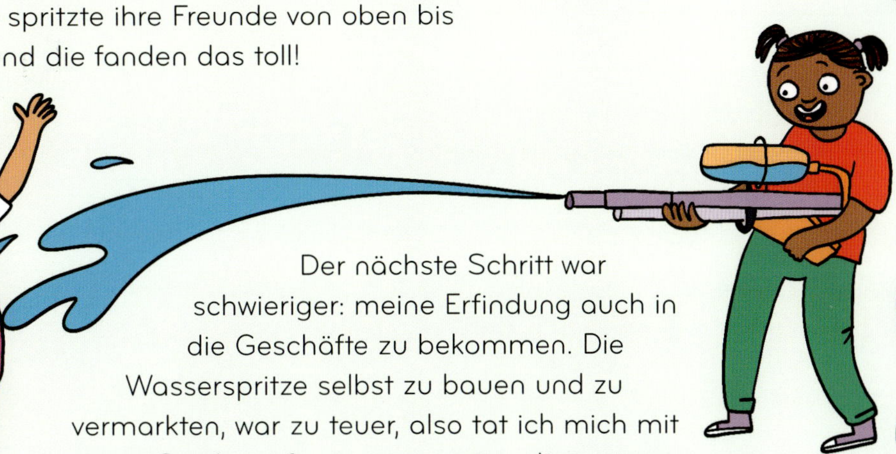

Der nächste Schritt war schwieriger: meine Erfindung auch in die Geschäfte zu bekommen. Die Wasserspritze selbst zu bauen und zu vermarkten, war zu teuer, also tat ich mich mit einer Spielzeugfirma zusammen, die meinen »Power Drencher« 1990 auf den Markt brachte. Die Kinder waren verrückt danach!

Noch nie gehört? Tja, ein Jahr später wurde die Wasserpistole unter dem Namen »Super Soaker« neu herausgebracht. Eine noch größere Spielzeugfirma kaufte die Idee und inzwischen hat sie sich weltweit über 250 Millionen Mal verkauft. Stellt euch vor, wie viele Wasserschlachten man damit machen kann!

Aber das war noch nicht alles! 1996 veränderte ich meinen Entwurf so, dass man mit Luft statt Wasser Schaumstoffbällchen schießen konnte. Der »Nerf Blaster« war geboren. In Sachen Spielzeugerfindung bin ich einfach eine Kanone! Es wäre schön, wenn es mehr schwarze Erfinder wie mich gäbe. Na los!

LUFTBALLON

Hallihallo! Wir sind Ballons, das Spielzeug, das jede Party zum Knaller macht!
Genau das meinte ich!
Huch!
Bäng!
Schwer zu glauben, aber erfunden hat uns 1824 der superseriöse Wissenschaftler Michael Faraday!
Außerdem habe ich den Elektromotor erfunden! Zu lesen auf Seite 18.
Anders ausgedrückt: Uns Luftballons gibt es schon seit 200 Jahren!
200
Das englische Superhirn klebte zwei dünne Schichten Kautschuk aneinander und füllte den Zwischenraum mit superleichtem Wasserstoff.
Sogar der superseriöse Herr Faraday freute sich über den Anblick des ersten Gasluftballons.
Ein erhebendes Gefühl!
Schweb!
Die ersten Ballons waren einfach rund oder oval, wie ich.
Knuffig!
Aber die Erfindung von künstlichem Gummi ermöglichte ganz neue Formen.
Stangenballon 1912
Besonders beliebt waren Luftballons in den USA – vor allem eine 1931 von Neil Tillotson erfundene Version.
Pappohren
Handgemaltes Gesicht
Der »Tilly Cat«-Ballon 1931
Ungefähr zu dieser Zeit kam auch das Modellieren mit langen, dünnen Ballonschlangen auf.
Ein ganz neuer Dreh in Sachen Ballons!
Tolle Geschichte für so ein kleines Ding, was? Aber ich muss los!
Huuuiiiii!
Prrrrrp!

ECHT WAHR?

GANZ SCHÖN AUFGEBLASEN

AN DER ANGEL

Eklig, aber wahr: Bevor Gummiballons erfunden wurden, haben die Leute die Blasen von toten Schweinen oder anderen Tieren aufgeblasen und damit gespielt. Im Mittelalter befestigten die Hofnarren sie an Stöcken und ärgerten damit die Leute.

AUF UND DAVON

Im Juli 1982 knotete der US-Amerikaner Larry Walters 45 mit Helium gefüllte Ballons an einen Gartenstuhl und hob zu einem 45-minütigen Flug über Kalifornien ab – bevor er in einer Stromleitung hängen blieb. Sein Ausflug war Vorbild für den Film »Oben«.

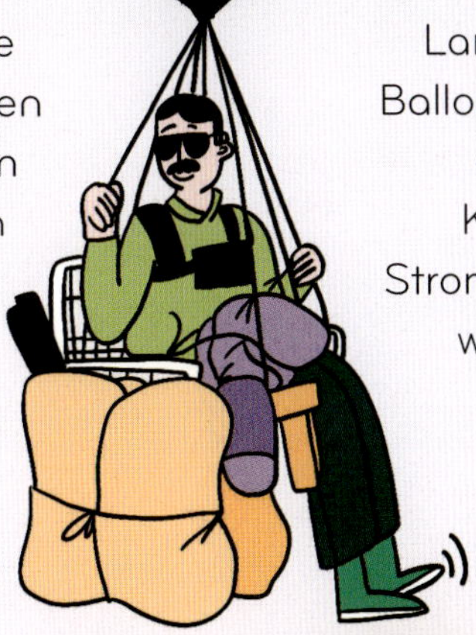

ZIEMLICH KNALLIG!

Das Geräusch eines platzenden Ballons ist ein kleiner Überschallknall – das zerfetzte Gummi bewegt sich fast so schnell wie der Schall!

VERSCHRUMPELT

Heute werden Gasballons mit Helium gefüllt statt mit potenziell explosivem Wasserstoff. Allerdings entweicht das Helium nach und nach durch die Gummihülle, weshalb inzwischen vor allem Ballons aus Plastikfolie verkauft werden. Diese Folie wurde für die Verwendung im Weltraum entwickelt!

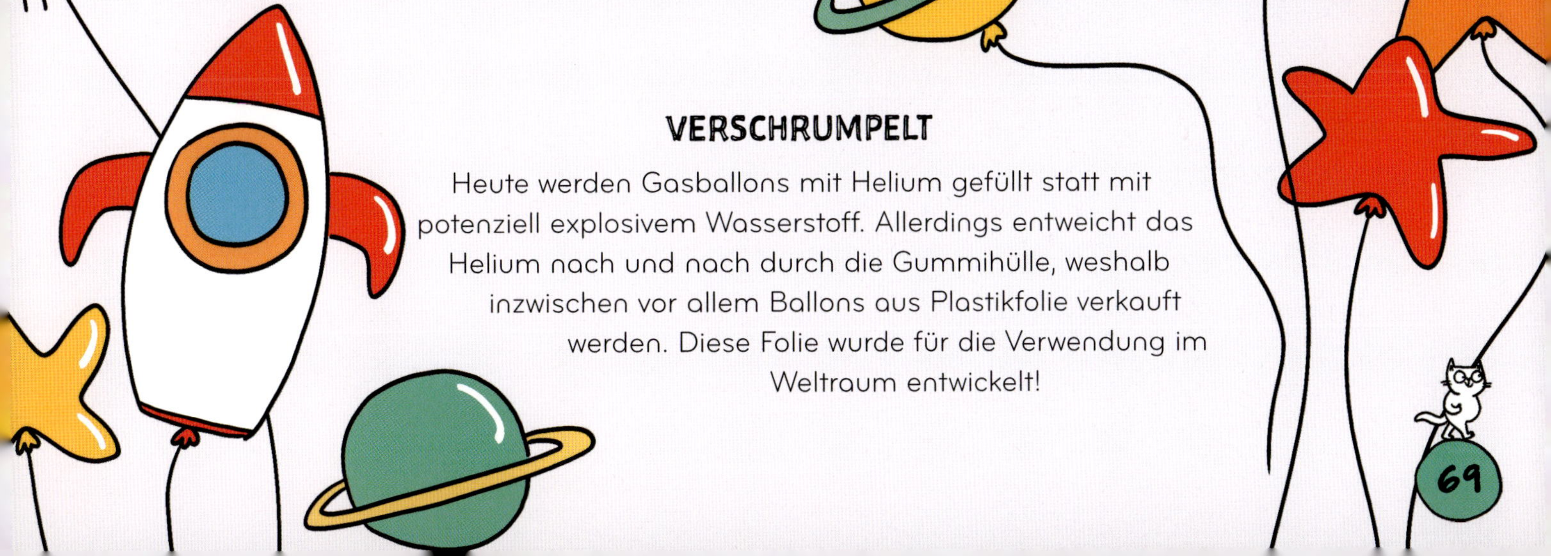

SPIEL OHNE GRENZEN

Die Welt ist voller Aktivitäten, bei denen die Menschen Spaß haben und sich die Zeit vertreiben. Hier ein paar beliebte Beispiele, die es vielleicht sogar bis in dein Kinderzimmer geschafft haben.

Das Geschicklichkeitsspiel **»Jenga«** wurde von der Ghanaerin Leslie Scott erfunden und 1983 auf den Markt gebracht. Der Name kommt von dem Suaheli-Wort »kujenga«, »bauen«.

»Galimoto«-Drahtautos sind der ultimative Recycling-Spaß. In vielen afrikanischen Ländern basteln die Kinder die lustigen Fahrzeuge aus Drahtresten. Als Souvenir sind sie auch bei Reisenden sehr beliebt.

Die Mutter aller Brettspiele **»Mensch ärgere dich nicht«** basiert auf dem alten indischen Spiel »Pachisi«. Statt mit Würfeln werfen die Spielenden mit Schneckenhäusern.

»Sophie die Giraffe« ist ein berühmter Spielzeugklassiker aus Frankreich. Schon seit 1961 kauen Babys auf der ganzen Welt auf dem Naturkautschuktier herum.

Der **Zauberwürfel** ist wahrscheinlich die nervigste ungarische Erfindung überhaupt. Es gibt 43 Trillionen verschiedene Möglichkeiten, den bunten Klotz, entworfen 1974 von dem Architekten Ernő Rubik, zu verdrehen!

Kapitel 7
Jump 'n' Run

Menschen lieben Wettkämpfe. Wahrscheinlich wurde schon in grauer Vorzeit mit Steinen und Stöcken um die Wette geworfen wie heute beim Kugelstoßen und Speerwerfen in der Leichtathletik. Die alten Griechen hatten in Sachen Sport zwar die Nase vorn, viele unserer heutigen Lieblingssportarten sind aber noch keine 200 Jahre alt.

ERSTER OLYMPIASIEGER DER WELT

Der Koch Koroibos von Elis gewann den Wettlauf bei den ersten dokumentierten Olympischen Spielen im alten Griechenland 776 v. Chr. Er erhielt einen Olivenzweig und wurde als Held gefeiert.

DER ZWEITBELIEBTESTE SPORT DER WELT

Direkt nach Fußball kommt Volleyball. Der Sport wurde 1895 als Mischung aus Basketball und Badminton in den USA erfunden und hieß zunächst »Mintonette«.

DER ÄLTESTE BALLSPORT DER WELT

Vor über 2000 Jahren spielten die Maya auf speziellen Feldern ein Spiel mit einem Ball aus massivem Naturkautschuk. Der war so schwer, dass sich die Spieler wahrscheinlich ständig die Knochen brachen.

DIE NEUESTEN OLYMPISCHEN SPORTARTEN

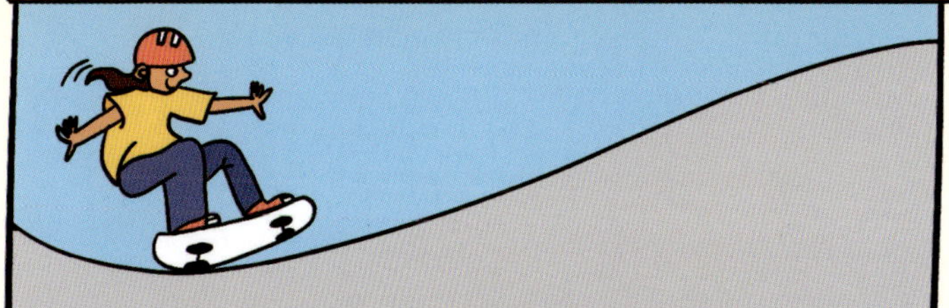

Zu den neuen olympischen Sportarten gehören Breakdance, Surfen und Skateboarden. Bei den Sommerspielen 2020 gewann die 13-jährige Momiji Nishiya aus Japan den Street-Wettbewerb im Skateboarden und war damit die drittjüngste Olympiasiegerin.

FUSSBALL

Hallo! Ich bin ein moderner Fußball – 20 Kunststoffwaben, umweltfreundlich bedruckt und …
… schnell und genau im Flug. Ganz anders als meine Vorgänger!
Zisch!
Der älteste erhaltene Fußball stammt aus den 1540ern und gehörte Königin Maria Stuart von Schottland.
Auf mein Haupt, Bursche!
Aye, Majestät!
KICK!
Jahrhundertelang benutzten die Leute aufgeblasene Schweinsblasen als Bälle.
Ein ekelhaftes Spiel!
Später wurden die Bälle mit Leder ummantelt, aber sie rollten nicht immer, wie sie sollten.
Der war drin!
Daneben!
Zum Glück erfand der amerikanische Chemiker Charles Goodyear 1839 eine neue Art von Gummi.
Sportlich von mir, was?
Seither wurden Gummiblasen in die Lederhüllen gesteckt. Aber während des Spielens verloren die Bälle oft Luft.
Die Luft ist raus!
Pffff!
Außerdem saugten sich die Lederhüllen bei Regen mit Wasser voll und machten die Bälle sehr schwer.
Au! Das tat weh!
Und wie!
Die Bälle haben sich ganz schön verändert.
1860er
1900er
1930er
1950er
1962 wurde der aus 32 Waben zusammengesetzte Fußball eingeführt.
20 Sechsecke und 12 Fünfecke.
Das hier ist Fußball, nicht Mathe!
Im Finale der Fußballweltmeisterschaft 1970 kam zum ersten Mal ein weißer Ball mit schwarzen Feldern, der Adidas Telstar, zum Einsatz.
Ich konnte im Fernsehen punkten.
Die Hightech-Bälle von heute sind oft sogar mit Mikrochips versehen, damit man sie verfolgen kann.
Ich hoffe, sie finden mich hier oben!
Ciao!

KICKSTART

FUSSBALLSOCKEN

Der brasilianische Stürmer Pelé gilt mit 775 Toren als einer der besten Fußballspieler aller Zeiten. Aufgewachsen in Bauru, São Paulo, lernte er das Fußballspielen auf der Straße. Als Ballersatz dienten eine Grapefruit oder mit Zeitung ausgestopfte Socken.

GESCHOSS

Den härtesten jemals gemessenen Schuss feuerte 2006 der brasilianische Fußballer Ronny ab. Der Freistoß flog mit über 210 Stundenkilometern in Richtung Tor. Kein Wunder, dass der Torwart der gegnerischen Mannschaft lieber nicht in die Schusslinie geriet.

ZUM MITNEHMEN

Die erste FIFA-Weltmeisterschaft der Frauen fand 1991 statt, 61 Jahre nach dem ersten Wettbewerb der Männer. Anders als im Männerturnier dürfen die Siegerinnen bei den Frauen die Trophäe aus massivem Silber behalten. Männliche Weltmeister dürfen nur eine bronzene Nachbildung mit nach Hause nehmen.

VERSCHWINDENUMMER

Das Spray, das Schiedsrichter verwenden, um die Position der Verteidigungsmauer bei einem Freistoß zu markieren, wurde 2000 von dem brasilianischen Fußballfan Heine Allemagne erfunden. Die Spraydose enthält Wasser und Pflanzenöl. Beides verbindet sich zu einem weißen Schaum, der sich schnell spurlos wieder auflöst.

TISCHTENNIS

ECHT WAHR?

AUF ALLE FÄLLE BÄLLE

BUNTE IDEE

Bällebäder gibt es seit 1976. Angeblich kam ihrem kanadischen Erfinder Eric McMillan die Idee beim Anblick eines Glases mit Silberzwiebeln. Das größte Bällebad der Welt wurde 2015 in China gebaut. Es fasst zwei Millionen Bälle.

WEICHE IDEE

1969 kamen in den USA die weichen Schaumstoffbälle auf den Markt, mit denen man auch drinnen spielen kann, ohne alles kaputt zu machen. Ihr Erfinder Reyn Guyer hatte das Material eigentlich entwickelt, um daraus Schaumstoffsteine für ein Höhlenmenschenspiel herzustellen.

FRUCHTBARE IDEE

Der kanadische Sportlehrer James Naismith erfand 1891 das Basketballspiel, indem er zwei Obstkörbe an den gegenüberliegenden Wänden einer Turnhalle festnagelte. Wenn jemand in den Korb getroffen hatte, musste man den Ball mit einer Leiter wieder herausholen. Der erste Basketball war übrigens ein Fußball.

LEUCHTENDE IDEE

Tennisbälle werden aus zwei Gummistreifen in Form von lang gezogenen Achten zusammengesetzt. Früher waren sie meist weiß, aber dann stellte sich heraus, dass neongelbe (oder grüne, wie manche Leute behaupten) Bälle im Fernsehen viel besser zu sehen sind. Egal in welcher Farbe: Hunde lieben sie!

HÖCHST EINFALLSREICH

KANŌ JIGORŌ

Guten Tag! Ich bin der Kampfkunst-Sensei (Lehrer) **Kanō Jigorō.** Ich wurde 1860 als Kind einer reichen japanischen Familie geboren und besuchte teure Privatschulen in Tokio, um Englisch und Deutsch zu lernen. Aber das war nicht alles, was ich gelernt habe.

Leider musste ich auch lernen, wie es sich anfühlt, gemobbt zu werden. Weil ich klein und still war, machten sich andere Schüler oft über mich lustig oder verprügelten mich sogar. Um mich wehren zu können, beschloss ich, Jiu-Jitsu zu lernen.

Jiu-Jitsu ist eine alte japanische Kampfkunst. Als Student lernte ich bei einigen Meistern und kämpfte auf Strohmatten namens Tatami gegen weit stärkere Studenten. Gleichzeitig dachte ich darüber nach, ob ich mithilfe von Wissenschaft besser kämpfen könnte.

Eines Tages machte ich mir meine geringe Körpergröße zunutze. Ich schlüpfte unter einen viel größeren und stärkeren Gegner, hob ihn von unten an und schleuderte ihn über die Schulter. Die physikalischen Gesetze von Schwerkraft, Kraft und Impuls verhalfen mir zum Sieg. Das war's!

Über viele Jahre hinweg entwickelte ich meine Methode weiter. Ich übernahm die Techniken aus dem Jiu-Jitsu, die zu meinen Ideen passten, und ließ andere weg.

Die Grundidee war, einen Gegner zu besiegen, indem man ihn aus dem Gleichgewicht bringt.

So erreicht man die größte Wirkung mit der geringsten Anstrengung.

Ich nannte meine neue Kampfkunst »Judo«, was so viel heißt wie »die sanfte Art«, weil es dabei nicht nur um Körperkraft ging. 1884 eröffnete ich meine eigene Judo-Schule »Kodokan«, die innerhalb kürzester Zeit von zwölf auf über 1000 Schüler wuchs.

Meine neue Kampfmethode verbreitete sich auf der ganzen Welt und mit ihr die von mir entwickelten Anzüge, Gürtel und meine Philosophie. 1964 wurde Judo als erste japanische Kampfsportart vom Olympischen Komitee anerkannt. Ätsch, ihr Mobber!

Wunder der Welt

Randsportarten

Erstaunlich viele der weltweit beliebtesten Sportarten entstanden auf einer verregneten Insel vor dem europäischen Festland: Fußball, Cricket, Tennis und Rugby stammen aus Großbritannien. Überall auf der Welt gibt es aber auch sehr spezielle, kaum über die Grenzen ihrer Heimat hinaus bekannte Sportarten.

»Yukigassen«, eine Schneeballschlacht nach festen Regeln, wurde 1989 in Japan erfunden. Zwei Mannschaften mit je sieben Spielerinnen und Spielern starten mit je 90 Schneebällen. Wer getroffen wird, ist raus.

Beim »Fierljeppen« oder »Pultstockspringen« in den Niederlanden und Teilen Norddeutschlands geht es darum, mithilfe einer langen Stange über schlammige Wasserläufe zu springen.

»Gillidanda« ist ein sehr alter Sport aus Südasien. Mit einem langen Stock (»Gilli«) schlagen die Spielenden ein ovales Stück Holz (»danda«) so, dass es möglichst niemand fängt.

In der Schweiz wird ein Mannschaftssport namens »Hornussen« betrieben. Mit großen Paddeln wird nach einem hölzernen Puck geschlagen. Im Flug klingt der wie eine wütende Hornisse.

»Bossaball« wurde 2005 in Brasilien erfunden. Trampoline, eine Art Hüpfburg mit Volleyballnetz als Spielfeld, ein Ball, Turnen und Musik verbinden sich zu einem echt vielseitigen Sport.

Beim Sumpfschnorcheln kämpft man sich mit Taucherbrille und Flossen durch ein Moor. Diese britische Sportart konnte sich nicht weltweit durchsetzen. Komisch!

ALLES AUF DEM SCHIRM

Menschen starren gern auf Bildschirme – und das schon seit Jahrtausenden! Das fing wahrscheinlich schon mit Höhlenwänden an, auf denen das Flackern des Feuers Höhlenmalereien von Büffeln und Mammuts zum Leben erweckte. Dann folgten Gemälde und gedruckte Bilder, später Fernsehschirme, E-Books und unsere modernen Medien. In diesem Kapitel werfen wir einen Blick auf das ganze Hightech-Zeug, das unser Leben prägt.

DER ÄLTESTE COMPUTER DER WELT

Der Mechanismus von Antikythera ist eine geheimnisvolle, über 2000 Jahre alte Maschine, die vielleicht eine Art früher Computer zur Berechnung von Sonnen- und Mondfinsternissen sein könnte. Er wurde 1901 bei einem Schiffsunglück entdeckt und ist bis heute nicht vollständig untersucht.

DER ERSTE FERNSEHSTAR

»Stooky Bill« war eine gruselige Puppe, die der schottische Erfinder John Logie Baird 1920 als Platzhalter bei seinen ersten Experimenten mit dem Fernsehen einsetzte. Bills Auftritte waren natürlich etwas hölzern!

DAS BELIEBTESTE E-BOOK FÜR KINDER

Elektronische Lesegeräte gibt es schon seit Jahrzehnten. Seit 1971 bietet das Projekt Gutenberg die Digitalausgaben von Klassikern kostenlos an. Das am häufigsten heruntergeladene Kinderbuch ist Lewis Carrolls **»Alice im Wunderland«.**

DIE EDELSTEN METALLE

In Smartphones sind viele der seltensten und wertvollsten Metalle der Erde verarbeitet, darunter Kobalt, Mangan und Lithium, Gold, Silber und Platin. Deshalb solltest du dein Gerät so lange wie möglich nutzen und es unbedingt recyceln, wenn du ein neues kaufst.

VIDEOSPIELE

ECHT WAHR?

SPIEL LÄUFT!

SQUID GAME

»Space Invaders« der japanischen Computerspielefirma Taito war 1978 eine Revolution in den Spielhallen. Das aufregende Ballerspiel war das erste, bei dem sich die Spielenden in High-Score-Listen eintragen konnten. Außerdem hatte es einen eigenen Sound mit Musik. Der Erfinder Tomohiro Nishikado lehnte sich bei den bedrohlichen Aliens an Krabben, Tintenfische und Oktopusse an.

VERRÜCKT NACH KLEMPNERN!

Das teuerste Videospiel der Welt ist ein ungeöffnetes Exemplar von »Super Mario Bros.« von Nintendo aus dem Jahr 1985. Es wurde 2021 für die Rekordsumme von zwei Millionen Dollar verkauft. Seinen ersten Auftritt hatte Klempner Mario 1981 in dem Spiel »Donkey Kong«. Ursprünglich hieß er »Jumpman« (»Springer«).

WIIR AUCH?

Die Nintendo Wii mit ihren bewegungsempfindlichen Steuerungen kam 2006 auf den Markt. Die Controller erlaubten es den Spielenden, sich wirklich selbst zu bewegen und vor dem Bildschirm richtig Sport zu treiben. Laut Nintendo stellen die beiden Is im Namen der Konsole zwei Spieler dar, das W ein Nunchaku, eine asiatische Waffe.

SO EIN EIERTANZ!

Die ersten sogenannten »Ostereier« wurden 1979 in dem Atari-Videospiel »Adventure« versteckt. Der Erfinder des Spiels versteckte den Satz »Entwickelt von Warren Robinett« in einem geheimen Raum im Spiel und erzählte niemandem davon. Als er schließlich entdeckt wurde, hatte Robinett die Firma längst verlassen. Inzwischen kann man sich auch in Filmen, Büchern und Fernsehsendungen auf Ostereiersuche machen.

TABLET-PC

Hallo! Ich bin ein Elefant. Angeblich haben wir ein Supergedächtnis.
Auf alle Fälle kann ich mich noch gut an eine Zeit erinnern, in der es keine Tablets gab.
Wow! Und ich dachte, ich hätte ein gutes Gedächtnis!
Ich erinnere mich sogar an die 1940er. Damals waren Computer riesig!
Das ist schwer zu verarbeiten.
Dieser ENIAC-Computer wiegt mehr als 27 000 Kilo.
So ein Ding hätte selbst ich nicht heben können.
Schnauf!
Zerr!
Hilfe!
Zieh!
Die Computer wurden schnell kleiner, konnten aber nur mit einer Tastatur bedient werden … bis der US-Amerikaner Douglas Engelbart 1968 etwas Tolles erfand.
Sieht aus wie eine Maus!
Na ja. Nur, wenn man das mit ihr macht!
Quietsch!
Im selben Jahr hatte auch Computercrack Alan Kay eine Spitzenidee.
Mein Kiddicomp-Computer für Kinder!
Leider wurde der nie gebaut. Der erste Tablet-PC war das GRiDPad 1989.
Sieht GRiFFig aus!
Um die ersten Tablets zu bedienen, brauchte man einen speziellen Stift namens Stylus.
Die stiften doch höchstens Verwirrung.
Eigentlich interessierte sich kaum jemand für Tablets, bis zwei große Marken sie aufs Tablett brachten.
Apple iPad
Samsung Galaxy Tab
Das Besondere an ihnen waren die Touchscreen-Technologie und ein virtuelles Keyboard.
Tipp!
Finger-spitzen-gefühl ist alles!
Für Elefanten ist die Benutzung nicht ganz einfach.
Aua!
Knack!
Huch! Bitte ganz schnell vergessen!

ECHT WAHR?

COMPUTERSPRACHE

DIE LIBELLE IST ABGESTÜRZT!

Das kabellose Verbindungssystem WiFi wurde 1990 von einer amerikanischen Firma entwickelt, um Ladenkassen miteinander zu vernetzen. WiFi ist nur ein griffiger Name, der sich auf Hi-Fi reimt. Frühere Vorschläge waren z. B. »Dragonfly« (Libelle) oder FlankSpeed (Höchstgeschwindigkeit).

KÖNIGLICHE VERBINDUNG

»Bluetooth« wurde 1994 von der schwedischen Firma Ericsson erfunden. Es wurde nach dem Wikingerkönig Harald »Blauzahn« benannt, der vor über 1000 Jahren Dänemark und Norwegen vereinigte. Das Bluetooth-Logo setzt sich aus den Runen für H und B, den Anfangsbuchstaben des Wikingers, zusammen.

TIERISCH NERVIG

Ein technischer Fehler in einem Computer wird allgemein als »bug«, »Käfer«, bezeichnet. Angeblich entstand der Begriff 1947, als die amerikanische Wissenschaftlerin Grace Hopper ein echtes Insekt in einem Computer fand, der nicht richtig funktionierte. Der Übeltäter war eine (leider tote) Hausmotte.

GOLDSTANDARD

Das teuerste Tablet aller Zeiten ist wahrscheinlich ein iPad 2, das 2011 für fünf Millionen Dollar verkauft wurde. Das Gehäuse bestand aus 24-karätigem Gold, das Apple-Logo auf der Rückseite war mit Diamanten besetzt und der Bildschirm hatte einen Rahmen aus Ammolit, der ein winziges Stück eines versteinerten T-Rex-Knochens enthielt.

HÖCHST EINFALLSREICH

JAWED KARIM

Hallo! Ich heiße **Jawed Karim**. Ich wurde 1979 in Deutschland geboren. 1992 zogen mein kleiner Bruder, unsere deutsche Mutter, unser Vater aus Bangladesch und ich nach Minnesota in die USA. Wir hatten natürlich keine Ahnung, dass ich Internetgeschichte schreiben sollte – und das in nur 19 Sekunden!

Ich studierte Informatik und arbeitete bei dem Online-Zahlungsdienst PayPal. Dort traf ich Steven Chen und Chad Hurley.

Wir waren alle ziemlich frustriert, weil es so schwierig war, im Internet lustige Geschichten und Nachrichten zu finden. Also beschlossen wir, eine Plattform zum Teilen von Videos zu starten: YouTube.

In einer umfunktionierten Garage entwarf Chad die Webseite und das Logo, und Steven und ich arbeiteten an der Programmierung. Am 14. Februar 2005 ging die Seite online – aber mein großer Tag kam erst ein paar Wochen später, am 23. April.

An diesem Tag lud ich das allererste Video auf YouTube hoch: »Ich im Zoo«. Yakov Lapitsky, ein Schulfreund, hatte mich mit ein paar Elefanten im Zoo von San Diego aufgenommen. Es war superkurz, aber es hat Internetgeschichte geschrieben. Ungefähr so sah es aus:

Historisch, was? Unglaublich, aber wahr: Dieser erste aller Uploads ist bis heute etwa 236 Millionen Mal aufgerufen worden. Ich finde das schon beeindruckend, auch wenn »Baby Shark Dance« die Liste der meistaufgerufenen Videos mit mehr als 13 Milliarden Klicks anführt. Und jetzt alle …

SMARTPHONE

Hi! Ich bin ein Handy.
Und ich bin ein Ziegelstein.
Ich bin smart, er nicht.
Stimmt.
Aber wir haben auch etwas gemeinsam.
Ehrlich?
Ja! Das hier war das erste Handy, das 1973 auf den Markt kam.
Ich bin das Motorola Dynatac 8000x. Ich wiege über ein Kilo.
Weil es so groß und schwer war, wurde es auch »Ziegelstein« genannt!
Wie ich!
1973 machte Motorola-Mitarbeiter Martin Cooper in New York den ersten Anruf überhaupt mit einem Handy.
Spricht der mit einem Ziegelstein?
Nein! Er übermittelte eine kurze Nachricht an eine Konkurrenzfirma.
Ha, ha! Gewonnen!
Mit dem Ziegelstein konnte man eigentlich nur telefonieren.
Als Briefbeschwerer ist er auch okay.
Die Handys brauchten eine Weile, um handlicher und schlauer zu werden.
1992
erste Touchscreens
1992
erste Textnachrichten
1996
erstes Internethandy
2000
erstes Fotohandy
2013 wollte auf einmal jeder das neue iPhone 5S in die Finger kriegen.
Ich bin das erste mit Fingerabdruckerkennung!
Ich kann das alles, außerdem drahtlos laden und großartige Fotos machen.
Na gut, aber kannst du auch das?
Hopp!
Stürz!
Wieso denn?
Ich bin eben nicht so smart!
Donk!

10:42

ECHT WAHR?

APPT SCHON GANZ GUT!

LECKER!

2016 ging das chinesische Videoportal TikTok an den Start. Es ist unter anderem berühmt dafür, seltsame Essenstrends wie gefrorenen Honig, heiße Schokoladenbomben, »Cloud Bread« und Müsli aus Minipfannkuchen ins Leben zu rufen. Zurzeit führt Khaby Lame aus dem Senegal die Liste der erfolgreichsten TikTok-Stars mit über 160 Millionen Followern an.

SCHNAPPSCHUSS-APP

Der Startschuss für Instagram fiel 2010 in den USA. Der Name ist eine Mischung aus »instant camera« (Sofortbildkamera) und »telegram« (Telegramm), einer alten Methode, um Nachrichten zu verschicken. Das erste je auf Instagram gepostete Foto war eine Bootsanlegestelle in Kalifornien – um 45 Grad geneigt. Historische Schieflage!

BLAUER VOGEL

Die Mikroblogging-Plattform X ging 2006 unter dem Namen Twitter in den USA online. Weil die Webadresse twitter.com schon belegt war, hieß sie zunächst ganz ohne Vokale »twttr«. Der blaue Vogel auf dem Firmenlogo heißt Larry. Für das weltberühmte Design bezahlte die Firma nur 15 Dollar!

SUCH MICH!

Die Suchmaschine Google entstand 1996 in einer Garage in Kalifornien. Der Name bezieht sich auf die Milliarden von Webseiten, die der Dienst nach Informationen durchsucht, denn ein Googol ist eine 1, gefolgt von 100 Nullen! Schon 2004 wurde das Wort »googeln« (etwas online nachschlagen) in den Duden aufgenommen.

SCHÖNE NEUE WELT!

Roboter machen die Hausarbeit. Andere Menschen stehen als Hologramm im Wohnzimmer. All das war früher Stoff von Science-Fiction-Filmen, jetzt ist es Wirklichkeit. Einiges davon, z. B. das Smartphone, ist schon völlig selbstverständlich. Aber welche neuen Wunder hat die Zukunft auf Lager? Setz dein Jetpack auf, wir finden es heraus!

JETSET

Jetpacks gibt es längst, aber bisher kann man mit ihnen nur sehr kurz oder klitschnass fliegen. Viele Modelle arbeiten mit Hochdruckwasserstrahlen, funktionieren also nur über einem See oder Meer. Du wohnst direkt am Wasser? Dann könntest du damit zur Schule fliegen!

TARNUMHANG

Mit dieser zauberhaften Idee schlagen sich schlaue Köpfe schon seit Jahrzehnten herum. Das Prinzip ist einfach: Man muss alles, was hinter einem Objekt zu sehen ist, einfach nur davorprojizieren, dann scheint das Objekt zu verschwinden. In der Praxis ist das allerdings ziemlich kompliziert. Wer weiß, vielleicht bekommen wir irgendwann einen zu sehen (oder eben nicht!).

SÜSSER DUFT DES ERFOLGS

In Schottland wurde ein Bekleidungsstoff erfunden, der mithilfe der Chemikalien im menschlichen Schweiß Elektrizität erzeugt. Die Energie kann gespeichert werden, um damit Geräte wie ein Smartphone oder eine Smartwatch aufzuladen. Ohne Schweiß kein Preis!

ZUKUNFTSVISION

In der Science-Fiction sind bionische Augen mit Supersehkraft schon lange Standard. Aber auch in der Realität gibt es Fortschritte: 2021 setzten israelische Chirurgen einem Mann, der seit zehn Jahren blind war, einen Sensor ins Auge ein, der seine Sehkraft wieder herstellte. So konnte er endlich seine Familie wiedersehen.

SIND WIR BALD DA?

Auch fliegende Autos sind bereits Wirklichkeit. Bisher gibt es allerdings nur wenige Prototypen. Sie sind nicht nur vom Design her eine Herausforderung, sondern auch in Sachen Lärm, Umweltverträglichkeit und Sicherheit. Schwierig ist auch, Lande- und Startplätze zu finden. Vermutlich werden Flugautos eines Tages automatisch fliegen können. Dann kannst du die Aussicht genießen!

ES KOMMT, WIE ES KOMMT

»Das Internet der Dinge« ist ein Begriff für das Zuhause der Zukunft, in dem alle Abläufe verbunden sind und mit einem Smartphone ferngesteuert werden können. Es gibt z. B. schon eine Hightech-Toilette, die das Gewicht und die Gesundheitswerte des Benutzers aufzeichnet. Stell dir vor, du bekommst eine Nachricht von deinem Klo!

HÖCHST EINFALLSREICH NACHWUCHSZAUBERER

Ohio, USA

Hallo! Ich bin der legendäre amerikanische Erfinder **Thomas Alva Edison**. Ich besitze über 1000 Patente für alles Mögliche, von der Filmkamera bis zur Glühbirne. Obwohl ich taub war, entwickelte ich außerdem eine Methode, um Ton aufzuzeichnen. Zu meiner Zeit wurde ich wegen all der Dinge, die ich mir ausgedacht habe, »der Zauberer« genannt. Ich startete meine Erfinderkarriere mit 22 Jahren. So manche geniale Erfinderin und so mancher Supertüftler waren aber sogar noch jünger, als ihnen ihr Licht aufging.

Tamil Nadu, Indien

Ich heiße **Rifath Sharook**. 2017 habe ich mit erst 18 Jahren den ersten 3-D-gedruckten Satelliten entworfen, den die US-Raumfahrtbehörde NASA je in eine Erdumlaufbahn geschossen hat. Mit nur 64 Gramm war er der bislang kleinste und leichteste Satellit überhaupt.

Paris, Frankreich

Maine, USA

Ich bin **Chester Greenwood.** Ich war 15 Jahre alt, als ich 1873 beim Eislaufen die Ohrenwärmer erfand, damit die Löffel schön warm bleiben. Bei der Herstellung des ersten mit Fell gefütterten Paares half mir meine Oma!

Mein Name ist **Louis Braille.** Seit meinem fünften Lebensjahr war ich blind. Trotzdem wollte ich gern lesen können. Deshalb erfand ich 1824 mein eigenes Schriftsystem mit erhabenen Punkten auf dem Papier. Es wurde nach mir »Brailleschrift« genannt. Damals war ich 15 Jahre alt.

Maryland, USA

Ich heiße **Robert Patch.** 1963 ließ ich mir einen Spielzeuglaster patentieren, den man auseinander- und auf unterschiedliche Weise wieder zusammenbauen konnte. Weil ich erst sechs Jahre alt war und meinen Namen noch nicht schreiben konnte, signierte ich meinen Entwurf mit einem X.

Wimbe, Malawi

Ich bin **William Kamkwamba**. 2001 baute ich im Alter von 14 Jahren ein Windrad, um das Haus meiner Familie in dem kleinen Dorf Wimbe mit Strom zu versorgen. Es hat mich berühmt gemacht! Die Teile für das Windrad, z. B. ein Fahrradrad, habe ich auf einem Schrottplatz zusammengesucht.

Ich heiße **Sam Houghton**. 2008 erfand ich einen Besen mit zwei Köpfen, um meinem Vater das Kehren zu erleichtern. Ich war erst fünf und damit wahrscheinlich der jüngste Mensch, der je ein Patent bekommen hat!

Derbyshire, Großbritannien

Kitengela, Kenia

Mein Name ist **Richard Turere**. Weil die Rinder meiner Familie nachts immer von Löwen angegriffen wurden, habe ich mit elf Jahren die »Löwenlichter« erfunden. Ich habe LED-Leuchten so eingestellt, dass sie in unregelmäßigen Abständen aufblinkten. Das sah aus, als würden Menschen mit Taschenlampen herumlaufen. Keine Löwen mehr!

Wollongong, Australien

Hallo! Ich bin **Macinley Butson** und ich war erst sechs, als ich eine Mischung aus einem Löffel und einer Spritze erfand, mit der man Medizin leichter einnehmen kann. Inzwischen bin ich Erfinderin von Beruf.

Ich heiße **Abbey Fleck**. 1993 habe ich im Alter von acht Jahren eine Vorrichtung erfunden, mit der man Speckstreifen senkrecht in der Mikrowelle braten kann. Weniger Müll, mehr Geschmack!

Minnesota, USA

Mogwase, Südafrika

Ich bin **Thato Kgatlhanye**. Als 18-Jährige habe ich 2014 eine Schultasche aus recycelten Plastiktüten mit einer abnehmbaren Solarleuchte erfunden. So werden die Kinder besser gesehen, wenn sie im Dunkeln in die Schule oder nach Hause gehen. Zusätzlich haben sie abends zu Hause auch noch elektrisches Licht statt einer Kerze.

ECHT WAHR?

PATENT ANMELDEN LEICHT GEMACHT

Jeder Schlaukopf hat mal eine gute Idee. Aber von der Idee zu einer richtigen Erfindung ist es noch ein weiter Weg, der viel Arbeit, viel Zeit und oft auch viel Geld kostet. Die Reise vom Pling! zum Produkt könnte z. B. so aussehen:

1. GEISTESBLITZ

Pling! Du beißt in eine Banane und hast plötzlich eine Spitzenidee: »VitaminReich«! Immer wenn du Obst oder Gemüse isst, bekommst du dafür Punkte. Die kannst du sammeln und dann gegen Prämien eintauschen.

2. KLAPPE HALTEN!

Behalte deine Idee am besten für dich! Ein Patent soll andere daran hindern, deine Idee zu klauen. Wenn alle anderen die Idee schon kennen, bekommst du kein Patent mehr. Also, pssst!

3. DETEKTIV:IN SPIELEN

Hatte vielleicht schon jemand anderes die gleiche Idee? Bevor du ein Patent anmeldest, solltest du nachforschen, ob es deine Erfindung so oder ähnlich schon gibt.

4. BESCHREIBEN

Schnapp dir ein Notizbuch und schreib deine Idee so genau wie möglich auf. Mit Datum! Vielleicht musst du irgendwann einmal beweisen, wann und wie du darauf gekommen bist.

5. AUFZEICHNEN

Mach Skizzen, wie deine Idee aussehen könnte. Patententwürfe müssen nicht perfekt sein, sie sollten anderen aber dabei helfen, deine Idee zu verstehen.

6. DIE SACHE ANGEHEN

Dieser Schritt kann teuer werden. Spezielle Anwältinnen und Anwälte helfen kreativen Köpfen dabei, ihre Patente anzumelden. Aber sie lassen sich ihre Arbeitszeit gut bezahlen – Zeit ist Geld!

7. EINREICHEN

Jetzt musst du deine Idee nur noch beim Patentamt deines Landes einreichen. Die Leute, die dort arbeiten, überprüfen dann, ob deine Idee wirklich neu und irgendwie nützlich ist.

8. NOCH MAL EINREICHEN

Selbst ganz großartige neue Ideen werden beim ersten Versuch häufig abgelehnt. Das ist eine Methode, um festzustellen, ob es dir auch wirklich ernst ist mit deiner Idee. Bis zum Patent kann es deshalb mehrere Jahre dauern.

9. ERST MAL ABFEIERN

Juhu! Du hast ein Patent auf deine Idee bekommen. Das heißt, in den nächsten 20 Jahren darf in deinem Heimatland niemand deine Idee nachmachen. Jetzt solltest du sie auch weltweit schützen lassen.

10. GANZ GROSS AUFZIEHEN

Herzlichen Glückwunsch! Deine Erfindung wird umgesetzt und auf der ganzen Welt verkauft. Jetzt bleibt nur noch eine Frage: Was machst du mit deiner ersten Million? Vielleicht Bananen kaufen?